百年前の英国で大反響のベストセラーが現代に甦る！

誰も書けなかった

死後世界地図

A・ファーニス［著］A.Farnese

岩大路 邦夫［訳］Kunio Iwaoji

山口 美佐子［文構成］Misako Yamaguchi

死後世界をすみずみまで歩いて描いた史上初の霊界版「世界地図」

コスモトゥーワン

誰も書けなかった死後世界地図

はじめに

この本を手に取ったみなさんのなかには、きっとこういう疑問をおもちの方がいるでしょう。

「天国であれ、地獄であれ、そもそも死後の世界なんて存在するだろうか？」

「特定の宗教を信じているわけでもない自分には、死んだら人は無になるとしか思えない。無にならないなら、何になるというのだろう？」

それと同じ疑問をもった人間が、百年ほど前にもいました。彼の名前は、フランチェッツォ。

一九世紀前半に、イタリア貴族の子として生まれた彼は、芸術的な才能と外見的な魅力に恵まれた人物でした。早くに母を亡くしましたが、ほかの兄弟と共に父親に愛され、社交界の寵《ちょう》児《じ》として女性たちの人気の的でもあったのです。

ただし、自分の能力と天分をいいことに、放蕩《ほうとう》を重ねて中年になった彼には、本気で本物の愛情を注いでくれるような女性はいませんでした。そんな彼が「私の善き天使」と呼んで心から受け入れることのできた一人の純粋な女性に出会ったころ、彼には死が近づいていました。

その女性こそ自分のすべての愛情を捧《ささ》げるに値する存在だといよいよ気づき始めたころ、運命は皮肉にもフランチェッツォの突然の病死によって、二人を引き離します。

最初、彼は自分が死んだことに気づきませんでした。なぜなら、暗闇の中ではありましたが、自分の意識ははっきりしていましたし、動くことも声をあげることもできたからです。

そして、彼の病床に付き添っていてくれた、愛する女性に会いたいと心の中で願うと、彼女の姿を見ることもできました。しかし、その光景は彼を打ちのめしました。彼女は、新しい土で盛られた墓の前で涙を流していたのです。それは、彼自身の墓でした。

「死んだんだ！　死んだんだ！」

「まさか、そんなばかな！　だって死んでしまったら何も感じないはずだろう、土くれになるんだろうが？　朽《く》ち果て、腐《くさ》り果て、それですべてお仕舞い、何も残らない、死んだらもう何の意識もないはずだろう？」

彼は、そう叫んでパニックになります。フランチェッツォが生きた時代は、教会の組織としての腐敗《ふはい》がはなはだしく、彼は教会とは一切縁を切っていたのです。ですから、宗教による死後の救済というものを、彼はまったく信じていませんでした。

「いったい、誰が死んだ後の未来について告げることができるというのでしょうか。

生きている間は死について理論付けをしたり、考えたりしますが、それだけで実際は何もわかっていませんし、死んだ人間が生き返って死について告げたこともないのですから。しかし今、私はこの自分の墓の傍らに立ち、いとしいあの人が死んだ私の名を呼び、花を投げかけるのを見つめているのです」

死んだあとも自分の意識が存在すること、愛する彼女を見ることはできるけれども、触れることも話すこともできないのを自覚したフランチェッツォは、どこに行くあてもないままに「地表の霊界」と呼ばれるところをさまよいます。

やがて、威厳《いげん》のある男性の霊が彼の前に現われ、こう諭《さと》されます。

もしフランチェッツォが、自分の力で愛する彼女にメッセージを送り、やがて再会したいと望むなら、地上の霊界に行き「悔悟《かいご》の同胞《どうほう》団」に入るのがよいと。

そこから、フランチェッツォのスピリットランド=霊界での旅が始まります。

彼は、愛する女性と守護霊《しゅごれい》のアーリンジマン師の助けを借りながら、「希望の家」に始まり、利己的な霊が行く「たそがれの国」、「灰色の石の谷」、「不安の国」、「守銭奴《しゅせんど》の国」、「不幸な国」、「凍結《とうけつ》の国」、麻薬中毒者が眠る「昏睡《こんすい》の洞窟」など、霊界にある国々を次々と訪問します。

さらに、いわゆる地獄にあたる「最下層の霊界」の探索隊への参加、自分の人生のすべてが記録されていて、それを見せられてしまう「悔い改めの国」の旅路を通して、フランチェッツォは、これまでの人生で彼が知らなかった、自己犠牲《ぎせい》や純粋な愛情を学んでゆきます。

こうした霊界の旅を通して、過去の自分を克服した彼に待っていたのは、〝第二の死〟を通過することによる、明るい霊界「あかつきの国」への再生、初めての家を与えられた「朝の国」の暮らし、さらに輝く「日の国」に建つ美しい自分の館でした。

ここでフランチェッツォは、今も霊界での使命を果たしながら、愛する女性が地上での役割を終え、彼のもとへ来るのを待っているのです。

ところで、どうして私たちは、かつてこういう人間が実際に生き、そして死後にこのような経験を経たことを知っているのでしょうか。

それはフランチェッツォが自分の霊界での旅の様子を人々に知ってほしいと願い、一九世紀のロンドンに生きたA・ファーニスという霊媒《れいばい》にくわしく語ったからです。

ファーニス氏はフランチェッツォが語った内容を『A Wanderer in The Spirit Land』(邦題『スピリットランド』)という本として、一九世紀末に出版しました。

本書では、この『スピリットランド』に語られた死後世界の様子と、フランチェッツォ自身や彼を導く霊人の言葉をもとに、「死後の世界とはどんなところ?」、「そこで人はどんなふう

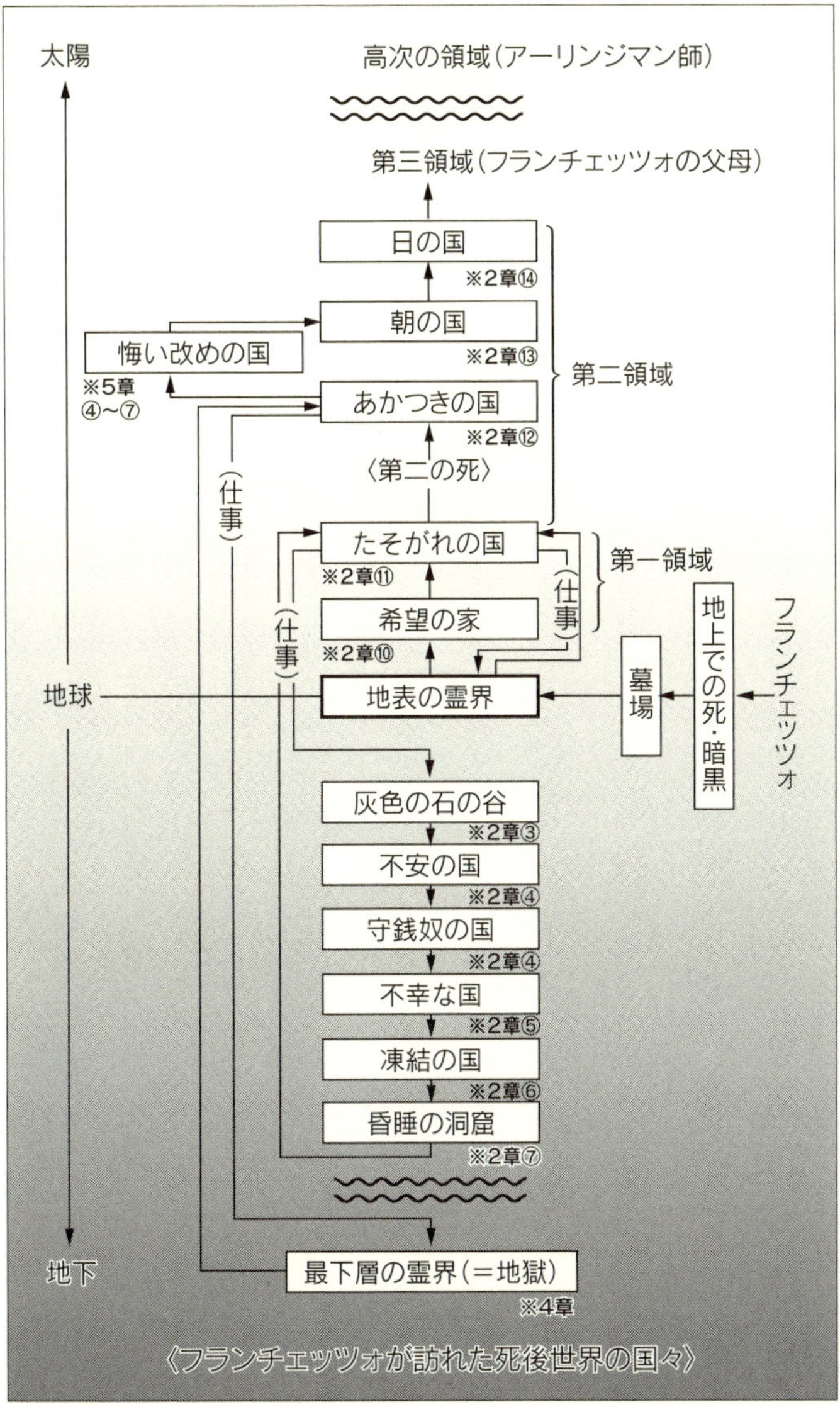

〈フランチェッツォが訪れた死後世界の国々〉

に暮らすのだろう?」といったソボクな疑問に答えていきます。

私たちはふだん、この人生の最後に「死」という扉《とびら》があることを忘れようとして生きているように見えます。それは、「死」の扉を開けるときの肉体的苦痛や、これまで得たものが消え去ることへの恐怖、愛する人々と別れる悲しさを考えすぎると、死ぬこと自体が恐ろしくなってしまう。そのことへの、自衛の本能なのでしょう。

けれども、生きている以上は誰でも、いつかは「死」の扉を開けねばなりません。

ただそのとき、「死」の扉の先に何があるか、あらかじめ道案内をしてくれる人がいたとしたら、どうでしょうか?

「地上の人生のあとにくるものについての確証のないまま、暗闇や霧の中をさまよう人々に対し、私は隠された神秘である死の扉の向こう側に渡った一人の霊人として、この自分の遍歴《へんれき》の記録を捧げたいと思います」

これは一八六九年に、フランチェッツォがファーニス氏に語った言葉ですが、彼の経験は、私たちが扉を開けて「死後の世界」を歩こうとするとき、きっと役立つ地図になってくれるでしょう。そして、もっと大切なことは、それが私たちが人生を歩むための地図になってくれるということです。これから、ぜひその内容を知っていただきたいと思います。

もくじ――誰も書けなかった死後世界地図

2章 「心の中身」が「死後の世界」を決める？
——あなたは死んだらどこへ行く？

3章 ここまで見えた霊界のしくみ
――学校もあるし仕事もある？

4章

空想ではなかった〝地獄〟の存在

――フランチェッツォが目撃した地獄レポート

5章

〝天国〟へ到る道
――どんな人生にも希望がある

カバーデザイン=パワーハウス
本文イラスト=和田慧子

1 章

死の壁の向こうに何が見える?

――〝死後の世界〟に関するソボクな疑問

1
「死」は終わりじゃないの？

突然やってきた死……死のあとには感覚も心もある！

フランチェッツォは、一九世紀に生きたイタリアの貴族ですが、当時としては経済的にも恵まれ、現代の日本に住む私たちと似た生活感覚をもっていた人物です。彼は、精神的にも肉体的にも能力と天分に恵まれ、社交界でも目立った存在でした。そんな彼が、放蕩《ほうとう》の結果なのか、ある日突然、死を迎えます。そのときの様子を、彼はこんなふうに語っています。

『初めは死んだということがよく解りませんでした。数時間苦しみ悶えたあと、夢のない深い眠りに落ちました。そしてやがて目覚めてみると、たった一人でまっ暗闇の中にいたのです。……だが、いったいここはどこだろう？　立ち上がって、暗い部屋の中でやるように手探りしてみましたがまったく光も見出せないし、音も聞こえません。ただ、死の静寂と暗黒だけが辺りを包んでいるばかりでした』

もし、あなたが死んだという自覚がないまま、彼のように暗闇に一人目覚めたら、どう思いますか？　停電が起こったのかな？　とか、おかしな夢の続きなのかな？　とか思いはしても、体があって動ける以上、死んだとは思わないのではないでしょうか。

フランチェッツォが考えたことは、こうでした。

『牢獄にでも入れられたのだろうか？　いや牢獄には壁があるがここには何もない。気でも狂ったのでは？　精神錯乱？　それとも？　自覚ははっきりあるし、感触もある。以前と何も変わらない。本当にそうか？　いや、やはり何か変だ』

そして彼は、ずっと愛し続けてきた女性に会いたいと望みます。しかし、やっと彼の目に見えた彼女は、新しい塚の前に花を供えて泣いていました。その塚を見た彼の全身を恐怖が駆け抜けます。それは彼自身のお墓だったからです。

「まさか、そんなばかな！　だって死んでしまったら何も感じないはずだろう、土くれになるんだろうが？　朽《く》ち果て、腐《くさ》り果て、それですべておしまい、何も残らない、死んだらもう何の意識もないはずだろう？」

このフランチェッツォの叫びには、現代の私たちにも十分通じる理性と、物質主義的な考え方があります。私たちとは、違う時代と国の人間ですが、彼はごく普通の人間で、そのごく普通の人間の迎えた死の一例が、こうした状況だったわけです。

2 自分が死んだといつわかるか?

なかにはずっとわからない人も……

フランチェッツォの場合、自分が死んだことを知ったのは、愛する女性が自分の墓の前に立ち、こう言ったのを聞いたからでした。

「ああ、いとしい人、もう戻ってきてはくださらないの? 本当に死んでしまわれたの? もう私の愛の届かないところへ行ってしまわれたの?」

何より大切に思っている女性にここまで言われて、それが何かの冗談だとか、嘘だとか、思えるはずもありません。それでもフランチェッツォは、まだどこかで信じられなくて、その自分の墓を見つめます。すると……。

『やがて目の前の墓の固い土盛りが透けて中が見えだしました。下のほうに私の名と死亡した日付の刻まれている柩《ひつぎ》が見え、その柩の中に見慣れた私自身の白く動かなくなっている遺骸《いがい》を見ることができました。恐ろしいことにその遺骸はすでに腐り始めていて、顔を背けたくなるような代物になっていました』

傷み始めた自分の遺骸を見るというのは、かなりショッキングな死の知り方と思います。幸い、火葬の習慣のある日本では、こういう目に会う人は少ないはずです。

しかし、だとしたら、私たち日本人はいつどうやって自分の死を知るのでしょう？

臨死体験者の多くは、心臓が止まると自分の肉体を離れ（幽体離脱《ゆうたいりだつ》）、死にかけている自分の姿を眺めることがよくあるといいます。その際、必死に治療している医師や、駆けつけた親族の姿を見たり、彼らのかわす会話を聞いたりすることもあるそうです。本当の死の際にもそれに似た経験をすれば、「ああ、やはり自分は死んだのか」と納得することもできるでしょう。

でももし、フランチェッツォのように墓前で呼びかけてくれる人もなく、医師が臨終を告げる声を聞くこともなく亡くなったら？　あるいは、そうしてくれる人たちがいても「こんなことは嘘だ」「自分は夢を見ているのだ」と否定し続けていたとしたら？

いつまでたっても自分の死に気づかず、地表をさまようことになるかもしれません。けれど、フランチェッツォがそうだったように、いくら話しかけても人は答えてくれませんし、寂しさを抱えて立ちつくすばかりでしょう。

自分の死を認めること、これは霊にとってむずかしくても大切なことのようです。

3

霊はいつ肉体から離れていくのか?

四十九日には意味がある

夏になるとお盆のせいか、テレビの心霊番組が増えます。

そういう番組では「雨の降る日に○○霊園の中を通ると幽霊《ゆうれい》に会う」とか、「△△墓地のそばを通ったら、真夜中だというのにたくさんの人の声がした」などと、本当なのか嘘なのか、幽霊目撃情報がいろいろ語られるわけですが、それを「ふーん」と納得して聞いてしまうのは、どこかで霊はお墓にいるもの、と私たちが思っているからでしょう。お盆にしても、ご先祖様のお墓参りをして霊をお迎えし、そこから家まで来ていただくわけですから。

さて、仏教徒ではないフランチェッツォの場合、お盆もないし、お墓にいる理由はとくにないように思えます。でも、最初に彼が自分の死に気づいたのはお墓の前でしたし、そのあともしばらくはお墓のまわりをうろうろしていました。

じつはこれには、以下のような、彼なりの切実な理由があったのです。

『いったい死人は、いつまでも地上で生活した場所のあたりをさまようものなのだろうか？　そんなことをあれこれ思いながら、私は愛する人の近くに寄って触ろうとしましたが、できませんでした。（中略）　彼女は夢でも見ているように片手でさようならの合図をして、ゆっくり悲しそうに去ってゆきました。私は彼女のあとを追おうとしましたがだめでした。私の肉体の置かれている墓から数メートルまでしか行けないのです。そのわけはすぐにわかりました。クモの糸ほどしかない黒い絹のような糸が私の体にくっついていて、どんなに力をこめても切れないのです。ゴムひものように伸ばすことはできますが、必ず引き戻されてしまいます』

フランチェッツォはあとになって気づきます

が、死後しばらくの間、肉体と霊魂《れいこん》にはまだ絆《きずな》が残っているのです。日本語でいうところの「魂の緒《お》」が存在し、それが彼にとっては〝黒い絹のような糸〟に感じられたのです。

キリスト教には本来、火葬の習慣がありません。まして一九世紀ですから、フランチェッツォの遺体は土葬です。教会墓地に、柩に入れられて埋められたわけです。

そして土葬の場合、肉体が完全に崩壊してしまうまで、この糸は切れることがありません。だからその間、霊は肉体の置かれている墓から、離れたくても離れることができないのです。これが「霊はお墓にいるもの」と私たちが思うようになった一因なのでしょう。

ちなみに日本では、死者の霊は死後四十九日間はこの世にあって、そのあとに「あの世」へ行くという考え方があります。この四十九日という日数は、もともとは土葬された遺骸が骨になるまでの期間とされています。

また仏教では四十九日のことを「中陰《ちゅういん》」といい、遺族はこの日まで七日ごとに死者を供養して、無事に成仏するよう手助けするとしています。

きっと私たちの祖先は、経験から、霊は死んだあともしばらくは遺骸のそばにとどまるもの、と知っていたのでしょう。だからその間、家族は喪に服して、霊を慰めなければいけないと考えたのです。

亡くなったばかりのフランチェッツォがどこへ行っていいかあてもなく、自分の墓のそばにいて、恋人がお墓参りにきてくれたことにわずかななぐさめを感じていたことを考えると、こうした四十九日のシステムにはやはり意味がある、と思わざるを得ません。昔の日本人は、どうも現代の私たちより霊界の事情にくわしかったようです。

ただ、現代の日本では火葬が一般的ですし、それでも霊がお墓にいるのかと考えるとちょっと「？」です。

フランチェッツォによると、火葬の場合は肉体の分子は速やかに分散し、魂はより早く肉体から解放されるのだそうです。

ということは、日本では、死者の霊はおそらくは四十九日よりも前に遺骨の置いてある場所からは離れ、どこかへ移動しているかもしれません。

解放された魂はどこへ行くか。それは、やはり自分の望むところでしょう。

フランチェッツォの場合は、もちろん最愛の「あの方」のところでした。肉体との絆が切れてからは、何度も彼女の部屋を訪ねていたようです。

もしかしたら、あなたには見えないだけで、あなたにとって大切な人の霊も、お墓ではなくあなたのすぐそばにいて、見守っているのかもしれませんね。

4 天国とか地獄は本当にあるのか？

どの人もいつかは上の世界へと到達できる

死んだら光り輝く天国へ行くのか、それとも恐ろしい地獄へ墜《お》ちるのか。

私たちが「死後の世界」と聞いて一番に気になるのは、天国と地獄は本当にあるのか、そして自分はどちらへ行くのだろうか、ということではないでしょうか。

それについて、フランチェッツォはどう語っているのでしょう。

まず、地獄について。

『最下層の霊界とは、教会で信じられているところのまさに地獄のことで、かつて私が行ったことのある霊界よりさらに下層にあるものです』

こう彼は言い、最下層の霊界への探索隊に加わり、地獄のさまざまな場所を見てきました。

彼が出会った人々の大半は、人殺しや拷問《ごうもん》、奴隷《どれい》売買など地獄にふさわしい悪事を働いてきていました。

ただし、なかにはこの救いのない世界から脱したいと願う霊がいて、そういう霊人たちを救援するのがフランチェッツォたちの仕事だったのです。

一方、彼が長い霊界の放浪を経て、最後に到達した国はこんな光景でした。

『ようやく私は黄金の門との間にある最後の山脈の頂に到達しました。すると眼前には、とても美しい「日の国」が広がっているのが見えました。（中略）

そこには花を咲かせる灌木《かんぼく》、とても美しい色合いの植物などが、地上の花とまったく同じように、いやそれよりもずっと愛らしく薫《かお》り高く咲いています。

私の前には美しい青と紫の丘が連なり、そこに横たわる湖がやさしくきらめいています。ここかしこに輝くさまざまな色の服に身を包んだ、幸せそうな霊人たちが乗っている小さなボートが湖水の上をかすめるように行き交っていました。

その風景は、私の地上の愛する南の国に似ているようでいて、まるで違います。栄光に包まれていて、あらゆる悪や罪の汚れから解放されているようです』

こんなに美しく、幸福そうな光景を目にしたら、誰もがそこは天国であると信じて疑わないのではないでしょうか。

けれどフランチェッツォに言わせると、ここはまだ霊界の第二領域なのだそうです。7頁の図にはフランチェッツォが放浪した「死後の世界」の国々が示されていますが、これを見ると彼の父はさらにこの上の第三領域に、そして彼を導く高級霊は、そのはるか上の領域にいることがわかります。

つまり、**下は下で限りなく、上は上で限りない世界があるのが霊界で、人間が想像するところの地獄や天国は、どちらもこの中に含まれる**ということなのでしょう。

そしてフランチェッツォが明るい日の国に到達したように、私たちは誰でも（努力すれば）いつかは天国のような世界へ行くことができるに違いありません。

5 宗教をもたない普通の人が死ぬとどうなる？

物質主義になりすぎると死後に苦労する

もし、街頭インタビューかなんかで、「あなたは何の宗教を信じていますか？」と突然マイクを差し出されたら、どう答えますか。

「そうですねえ」と言ってから、さて実家のお寺は何宗だったたっけ、妻の実家はキリスト教徒のようで、いっしょに礼拝くらいしたことはあるけれど、あれはプロテスタントかそれともカトリックか?……などと、考え込んでしまう人も多いのではないでしょうか。

どの宗教にも「信じています」と言えるほどの知識も経験もないから、結果として「自分は無宗教です」と答えてしまう人もおそらくいると思います。

では、無宗教の人が死ぬと、どうなるのでしょう。

宗教を信じている人と、どう違うのでしょうか。

信じている人は天国や地獄、あるいは黄泉《よみ》の国、転生への道に行けるけれど、信じていない人はどこにも行けないことになるのでしょうか。

フランチェッツォはキリスト教徒として葬られましたが、彼は生きている間は教会を否定していました。つまり無宗教者です。

『教会の司祭たちはたしかにそんなこと（死人の魂が存在し続けること）を言っていましたが、愚かな者どもだ、奴らは間違っている、と私はばかにしていました。

奴らときたら自分たちが儲《もう》けようとしてこんなことを言ってのけるのです。人は再び生き返るのだが、そのとき天国の門を通過するためには、冥福《めいふく》を祈ってくれる司祭たちが持っている鍵で、その門を開けてもらわなければならないのだと。その天国の鍵は金《かね》の力で回る代物で、司祭の一存にかかっているというわけだ』

と、なかなか過激なことを言っています。

ただ、彼のために弁護するなら、彼が生きていた当時（一九世紀前半）の教会は組織としての腐敗《ふはい》がひどく、懺悔《ざんげ》して秘密をもらすと密告者によって牢獄に入れられたりするなど、教会に反発せざるを得ない状況があったようです。

現代の私たちもここまでとはいいませんが、「宗教」といわれるものについて懐疑《かいぎ》的になる理由はたくさんあります。火星の映像まで見られるほど科学が発達している世の中で、「神が世界を創った」といわれても簡単には納得できませんし、「宗教」の名を借りて、高額な物品を売りつけたり、犯罪まで犯すような人々を目の当たりにもしているからです。

ただそれが、自分には不可視の世界もあることや、死後の世界や霊魂の存在を否定する物質主義に直結すると、生きている間はいいけれど、死んだときに少し苦労する結果になりそうです。

フランチェッツォの場合は、

『司祭たちについて私はよく知っていたし、彼らのうちに秘められた生活の実態を知っていたので、彼らのくだらない話や、できもしない免罪の約束に耳を傾けることなどとうていできなかったのです。

そのかわり、こう言ってやったものでした。死がやってきたら堂々と向き合いますよ。「死とはすべての消滅を意味する」と信じる者ならば誰でもそうするように』

と、威勢のいいタンカをきっていたのですが、いざその時、つまり自分の死を迎えてみると、けっこうパニックに陥っています。

自分がいる暗黒の場所は地獄か煉獄《れんごく》なのだろうか、いや愛する純真な女性が墓参りに来るのが見えるのだから、まだ地上にいるらしいと、恐れと不安におののきながら過ごさざるを得なかったようです。

しかし彼も死後、ついに、こう考えるようになります。

『もし死がすべての終わりだったらどれほどよかったでしょう。人間の本質は永遠の魂です。その魂は、善であれ悪であれ、幸か不幸か、とにかく永遠に生き続けるのです。人間の肉体は朽《く》ちてちりとなりますが、本当の自分つまり精神は、朽《く》ちることも忘却することもありません』

こうした思いが助けを呼んだのか、そのあとフランチェッツォは高次の霊に連れられて、霊界へと向かいます。

そこは、宗教の違いは問題にならない場所でした。というのも、フランチェッツォの指導霊（その人が誘惑に負けないよう支援したり、導いたりする霊）アーリンジマン師は東洋系で、なんとゾロアスター教徒！　だったからです。

無宗教者でも、拝火教者でも、あちらの世界では出会い、コミュニケーションできるわけです。

大事なのは宗教の種類ではなく、魂の不滅や敬虔に生きることの大切さをどう信じるかという本質的な問題であることを、彼らは教えてくれています。

6 死後の生活はこの世の生活とまったく違うの？

どんな家に住み、何をするかはその人しだい

死んだあとに自分がどんな世界へ行き、どんな暮らしをするか。

これは遠い昔から、人々の知りたいことだったと思います。

たとえば、ピラミッドをつくった古代エジプト人や、巨大古墳をつくった古代中国の皇帝などは、死後も現在と同じ生活が送れるようにと、さまざまな副葬品を墓に入れたりしています。

現世ではイタリア貴族として豊かな生活を送ったフランチェッツォが、死後どんな暮らしを送ったかといえば、これはもう初めのころとあととでは、監獄《かんごく》と王侯貴族の別荘くらいの違いがあります。

彼の言葉で説明してみましょう。初めは

『ここはいうなれば巨大な監獄です。……巨大な暗い灰色の石でできた建物であることがわかりました。

　そこには長い通路がたくさんあり、大方は小部屋で数え切れないほどたくさんあります。そこには明かりはほとんどなく、わずかに最小限の家具があるだけでした』

という「希望の家」で暮らしていました。そこで彼は、霊的な治療を受けるとともに、大ホールで行なわれる「悟り」についての講義を受ける毎日を過ごしていました。

　一方、さまざまなことを学んでついに「日の国」に到達したあとでは、

『なんと美しい家なのでしょう！　私にはもったいないほど贅沢《ぜいたく》なものでした。中には広い部屋が七つもあります。この私の家は数十メートル下にある湖を見下ろす丘の上に立っています』

という素晴らしい館をプレゼントされています。そして、美しい家具や絵画、花々に囲まれ、金の帯のついた白い服を身につけてゆっくり休息したり、地上人たちを助ける仕事におもむいたりしているのです。

一人の人間がわずかの間にこれだけ環境が変わるのですから、まして「死後は誰もがここへ行く」とか「こんな暮らしをする」とか、勝手に言えるわけがありません。

一つ言えるのは、「霊界ではすべて自由」が原則であること、です。

「各自は己の願いや欲望が向かうところへ行くようになっています」とは、地上をさまよっていたフランチェッツォを霊界に連れていった威厳《いげん》ある霊の言葉ですが、ここでは学びたければ学び、行きたいところがあれば行き、欲望のままに地表や最下層の霊界に墜ちて行きたければそれもしかたなし、なのだそうです。

あなただったら、あの世でどんな生活を送ってみたいですか？

いたずらに死を恐れるより、「そのときはそのときだ」「こんなことをやってみたいなあ」と前向きに考えたほうが、この世も明るく生きられそうな気がしませんか？

7 霊になってもおなかがすくの？

霊界にはさまざまな食べ物がある！

日本では多くの家にお仏壇があり、仏前に茶碗《ちゃわん》にもったごはんやお水、季節の果物やお菓子などをお供えするのが習慣になっています。お供えをするとき、私たちは、「この食物を霊となった故人もいっしょに食べてくれるかな？」と期待するわけですが、本当のところ、霊となった人たちは食物を食べるのでしょうか？

フランチェッツォの場合、亡くなって間もないころ、こんなことを言っています。

『さて、深い眠りから覚めてみると、わたしには大いに元気が戻っていて、以前には感じたことのない空腹感を覚えました。その思いはしだいに強まり、それで食物を探しに出かけましたが、初めは何一つ見つけることができませんでした。しかし、最後にとうとう、何か乾燥したパンのようなものを何片か見つけることができたので食べました。それは確かに腹の足しになりました。

そうです。霊といえどもちょうど地上の食物に相当するような霊的な食物を食べるのです。腹も減れば喉《のど》も渇《かわ》くのです』

このとき彼が食べたのは、味もそっけもない乾いたパンきれだったわけですが、**霊界での階層が上がるにつれて、食べ物もよりおいしいものに変わっていきます。**

たとえば「あかつきの国」で行なわれた晩餐会《ばんさんかい》で出た食事。さすがに霊界ですので、動物の肉料理はありません。しかしかわりに、透明で食べるや否やたちまち口の中でとろけてしまいそうなおいしい果物や、地上の酒のようには酔わないワイン、微妙な味のケーキとふっくらしたパンが出されたそうです。

さらに、美しい「日の国」で与えられた家には『果物、ケーキ類、その他にも地上の食べ物に似ていますが少し物質性に欠けるもの、それにあのおいしい霊界のシャンパン』などの食べ物が用意されていました。

果物にケーキ、ワインにシャンパンと、霊界でもグルメを楽しめそうですが、一つ知っておきたいのは、霊的な食物は何もせずに得られるわけではないということ。フランチェッツォが霊界で初めて食べたあるおいしい果物は、霊界で他人を助ける行為によってもたらされる『労力の果実』といわれるものだったそうです。

8

霊になっても痛みや寒さを感じるの？

●あなたが善男善女《ぜんなんぜんにょ》なら大丈夫

私たちは普通、死んだ人はもう何の苦しみも痛みもなく、さまざまなこの世の苦労から解放されて楽しく暮らしているもの、というイメージをもっています。これは「死んだ人にはこうあってほしい」という残された者の願望なのかもしれませんが、『スピリットランド』でも、やはり善男善女は苦しみなど何もなく、楽しく暮らしている様子が描かれています。

たとえば、フランチェッツォの父母はというと、光り輝く美しい領域に住んでいて、ようやくかなった息子との再会を喜び、素晴らしい贈り物をしたりしています。ただし、これはあくまでも、「善男善女」の場合に限るらしい、というのが微妙なところです。

というのも、フランチェッツォが最初に行った霊界の一部、「希望の家」では、痛みを感じる霊がたくさんいましたし、彼自身も痛みを感じていたからです。

『彼らは全員苦しみの中にいました。（中略）それは低級の霊界層では、霊は体の苦痛を感じるからです。霊が発達しますと、苦しみは純粋に精神的なものになっていきます。つまり霊が高級になると霊の物質性が希薄になり、その分物質的な苦痛からは解放されて、最終的にはまったく感じなくなるのです。とくに私の体の苦痛は普通の人よりも厳しいものでした。それは、私が地上にいたとき自分の精力を自慢し、それを邪悪《じゃあく》な目的に用いたからです』

「邪悪な目的」が何なのかは謎ですが、彼が言うには、その痛みの感じは運動選手が筋肉を使用しすぎた場合に似た、引きつるような痛みなのだそうです。

また、「きみ知るや南の国。レモンの花咲き、暗き木陰に、黄金なすオレンジ燃え」※とゲーテに歌われた光あふれる国、イタリアで育ったフランチェッツォには、「希望の家」の周辺の陰鬱《いんうつ》な暗さ、寒さには耐えがたいものがあったようです。

霊界では、その人の心境しだいでその世界の明るさ、美しさが決まってきます。フランチェッツォが最初にいた場所が暗かったのは、『ここの住人である不幸な霊人たちが、幸福な霊人たちが大気中に放つような（オーラの）明るさを一切もっていない』からだそうです。

ということは、あなたが他人への思いやりに満ちた善男善女であれば大丈夫、自ら周囲を照らして痛みも寒さも感じないですむ……はずです。

※ゲーテ作／山崎章甫訳『ヴィルヘルム・マイスターの修業時代（上）』岩波文庫

9 霊になっても睡眠は必要？

〝第二の死〟のときの深い眠り

生きている私たちは二、三日寝なくても大変ですが、肉体のない霊になっても睡眠は必要なのでしょうか。

私たちはよく、死ぬことを比喩として「永い眠りにつく」と言います。しかし、フランチェッツォの霊界報告を聞いていると、亡くなった直後はともかく、そのあとはあちこちをさまよったり、霊としての仕事に従事したりして、けっこう活発に活動している様子がわかります。

結局のところ、霊は人間のようには眠らなくてもよさそうに見えますし、そもそも眠るという感覚などないようにも思えます。それとも、〝霊体〟という体がある以上、やはり疲れを感じて眠ることはあるのでしょうか？

どうもじつは、その辺はかなりフレキシブルなのが実情のようです。

『眠りに関しては、長いこと眠りたいと感じないまま過ごすことができますし、反対に一週間

でも横になって眠ることもできます。
ときには半分目を覚ました状態で過ごすことがありますし、反対に完全な熟睡状態のときもあります』

というのが、「たそがれの国」で普通に暮らしていたときのフランチェッツォの言葉です。

眠る目的は、やはり疲れたときの休息のためにあったようです。

ただその後少しして、彼はもっと本質的な変化をむかえるための深い眠りに落ちることになりました。


『下層の霊界の霊体から抜けて上層の世界へ入ることは、しばしば死亡時に肉体から霊人が去るときに体験する眠りと似た深い眠りの間になされます（中略）。

私にそれが起こったのは、地球への訪問を終えて帰還したときです。奇妙な尋常《じんじょう》ならざる感覚をともなう圧迫感を感じ、無気力になったのです。

「たそがれの国」の自分の小さな部屋へ引きこもり、ソファーに身を投げ出したと思ったら瞬《また》く間に、夢も見ないで死んだように無意識の眠りに入りました。

この状態で、地上でいえば約二週間が過ぎ、その間に私は歪《ゆが》んだアストラル体を脱いで、ずっと純粋で明るい霊的殻《から》をもった新生児みたいになったのです。

このようにして〝第二の死〟を通過して、私はより高級な自己へと復活を成し遂げたのでした』

ちょうど、さなぎが蝶《ちょう》に変わるときのような眠り、といったらいいのでしょうか。

フランチェッツォは、深く眠っている間に介護の霊人たちに助けられ、高い霊性にふさわしい体へと変身しました。

そして、目覚めてみると「たそがれの国」よりもう一段階上の、「あかつきの国」にいる自分を発見したのです。

10 霊になっても年はとるのか？

外見は何度も変わる

じつは、フランチェッツォには死後、自分の容貌《ようぼう》にコンプレックスがありました。生きているときには、『精神的にも肉体的にも能力と天分に恵まれ……宴《うたげ》に招かれ、ちやほやされ、貴婦人方によって甘やかされ、のぼせ上がっている、まさに社交界の寵児』だったそうですから、きっとかなりハンサムだったのでしょう。

ところが、死後の世界では自らの低い霊性のために『体のあらゆる部分が身の毛もよだつような形となってしまい、顔まで変形して』いて、『地上にいたときの二十倍は醜かったし、百年は生きてきたような顔（本人談）』になってしまったのだそうです。そのため彼は、愛する女性の前に二度と現われることはできない、とまで思い詰めるようになったのです。

しかし、先の項目でご説明した〝第二の死〟を通過したあと、彼は新しい自分の姿を鏡の中に発見します。それは、地上で青年だったころの若々しい姿でした。つまり、**霊界での容貌と**

いうものは、地上で生きてきた時間の長さとは関わりがないのです。

たとえばフランチェッツォの友人の一人、ハセインは、一見すると二十五歳から三十歳くらいに見えたそうですが、彼は実際には地上で六十歳以上まで生きていたそうです。それについてフランチェッツォはこう言っています。

『彼の現在の容貌は、彼の霊的発達の度合を示しています。それだけが霊的年齢を形成するのです。霊がその知性力の高い段階に成長すると、容貌はより成熟したものとなり、ついには聖者の容貌をもつようになります。しわとか容貌の衰えなど、地上で見られるものもそこにはありません。ただその聖者の威厳、力、経験が容貌に現われるのです』

私たちは現世で、やれしわ取りパックだ整形だ、男性用の化粧品だってある、と顔の美醜や加齢による容貌の衰えを気にして騒ぎますが、そうした努力はあちらの世界では意味のないものになってしまうようです。

さらに、地球の霊界で到達可能な高さにまで霊性が進歩すると、その人は長老の風貌をもつそうですが、そうした霊もさらに高次の領域に向かうと、そこではまだまだこれからの人として青年の姿で出発するそうです。地上の世界と違って、若く見えればいいとは限らないのが、霊界での外見なのですね。

11 霊になっても地上人に自由に会えるか？

相手にわかってもらえない悲しみ

大事な夫や妻、かけがえのない子供たち、あるいは親しい友人たち……。

私たちが死を恐れる理由の一つは、こうした大切な人々と、死んでしまったらもう二度と会えなくなる、と思うことにあるのではないでしょうか。

フランチェッツォの場合は、亡くなってすぐのときも、霊界に移動してからも、愛する女性のもとへ何度も会いに来ています。

『私は、かなり頻繁に地表の霊界へ行きましたが、それは私の愛する人が住むところを訪ねるためです。あの人の愛がいつも私を彼女のそばに引きつけたからです。……あの人が座ったり、仕事をしたり、読書をしたり、眠ったりしているのを見つめていました』

この場合は相思相愛の相手だからいいものの、そうでなかったらストーカーのようで少し怖い気もしますが、ともあれ彼らは、霊媒《れいばい》や高次の霊の助けを借りて、筆談をしたり、接吻したり（！）、彼女が幽体離脱して霊界まで会いに来たりと、死後もデートを重ねることができたようです。

しかしこうした例はまれで、**死者のほうは愛する人のそばに来ているけれど、相手には気づいてもらえず、悲しみを感じる場合がほとんどだといいます。**

『霊界は孤独な霊たちで満ちています。みな地上に戻って自分たちがまだ（霊界で）生きていることを知らせたがっているのです。（中略）こんな一組の恋人たちを見ました。男のほうは地上に残してきた恋人のところに出てきて、あらゆる手段で力の限りを尽くして本当のこと、つまり自分たちは誤解のために別れてしまったけれど、じつは二人の心はずっと真実のものだったことを知らせようとしたのです。男は彼女に自分の存在を感じ、理解してもらえたことを確かめたくて、彼女の顔つきや思念にその証を見ようと必死でした。が、それは無駄な努力に終わり、悲しみと絶望の中に沈んでいきました』

もしもあなただったら、死後に会いたい人のそばに行けても、自分の存在や言葉をわかってもらえないのでは意味がないと思いますか。

それとも、フランチェッツォのように、愛しい相手を見守ることで自分の心をなだめ、いつか再び本当に会える時を待とうと思うでしょうか。

12

霊になっても地上に戻れるのか？

●なかには憑依《ひょうい》して悪さをはたらく霊も

今回は、ちょっと怖い報告を。地上に戻る霊は、フランチェッツォのように愛する人のそばに来るだけではありません。無関係の人に取り憑《つ》く霊もいるのです。

『しばしば実際に起きていることですが、霊人が地上に生きている男女の肉体に完全に憑依（のりうつること）できるということ、さらにしばらくの間ならば、まるで地上人の肉体がこの憑依している霊に属して、地上人本人には属していないかのような状態になるという事実を知っている地上人は、ほとんどいません』

じつは、低級な霊の場合、地上人の肉体を使ってセックスや飲酒といった感覚の快楽を再び味わおうとすることが、よくあるのだそうです。たとえば酒乱になってしまう人には、こうした霊がついて、よけいにお酒を飲ませているのかもしれません。

では、こうした低級霊の憑依から、私たちが身を守るすべはないのでしょうか。

フランチェッツォが一時期、担当していた仕事は、まさにそういう危険から普通の人々を守ることでした。具体的にいうと、「希望の同胞団《どうほう》」に所属していた彼は、地上人が悪い霊の影響を受けないように、指導霊としてその人につき、誘惑に負けないように支援したり、導いたりしていたそうです。

『つまり私の仕事は、私のもつ強い意志の力によって、これらの悪霊人たちに対するバリアーを築くことなのです。こうすれば悪霊が憑依するために関係をもとうとして地上人に近づいても、その人物と十分な関わりをもてないのです。（中略）

私がコントロールしている地上人が夢を見ているときや、目覚めていてもぼんやり夢想しているときに、私の経験した内容を彼の心に印象づけるようにします。

そうすることで彼の心に、良心の呵責《かしゃく》からくる恐ろしい苦悩や恐怖を、あるいは私自身が体験し味わった辛く苦しい自己嫌悪の思いを感じさせるようにするのです』

一般に、何かよからぬことを考えたり、しようとしたりすると「夢見が悪くなる」といいますが、それはこんな霊界からの働きかけのせいなのかもしれません。

悪い夢を見たら、無視しないで自分自身を顧みるようにすれば、悪霊に憑依される危険は回避できそうです。

13 霊は同じ欲望をもつ地上人に取り憑《つ》く？

悪念が悪霊を召喚する

あなたは子供のころ、こっくりさんをしたことがありますか？

たわいない遊びのようですが、なかには怖い思いをした人もいるかもしれません。半端な気持ちで霊を招いたり、肝試《きもだめ》しと言って霊の集まる場所へ行くと、ときには大変な結果を招くことになりかねないからです。

憑依についてのフランチェッツォの警告をまず二つ、ご紹介します。

『霊人が地上人をコントロールしたり憑依したりするには多くのやり方があります。たとえば、浮ついた低俗な人生観で、あるいは軽薄な好奇心で、あまりにも深い神秘を探ろうとして、この種のことに自分をさらけ出す愚かな人々は、しばしばその代価として地表を徘徊《はいかい》する低い霊人達、あるいはそれよりずっと低い霊界の霊人たちに完全に憑依されて彼らの操り人形になりはててしまいます。

その体は彼らの思うままになってしまうケースもあります』

『たとえば一時的に起こる精神異常現象は、非常に低いレベルの邪悪な欲望や劣悪な精神の持ち主である霊人が、地上人に憑依することで起こっているのです。このとき悪霊人は、地上人の霊と完全に一体となった関係をつくっています』

なんだかゾッと寒気がするような警告です。

というのも、私たちは最近ニュースで「なぜ、理由もなくこんなひどいことを……」と思う犯罪の報道をよく目にするからです。そして、そういう不可解な犯罪に限って、犯人もまた動機を聞かれても「頭に霞《かすみ》がかかったようでよくわからない」とか「誰かが頭の中でそうしろと命令したから」というようなことを言ってはいないでしょうか。

実際、フランチェッツォはこうも言っています。

『私は実際に起こった事柄のうち、不可解な殺人、不思議な犯罪など、なぜ、どのように起きたのか、誰にもわからないままになっているような恐ろしいケースについて説明することができます。これらの犯罪は、地上の犯罪者の脳が霊の働きで狂わされてしまったためであって、彼ら自身には責任はありません。彼らは憑依した悪霊の道具となってしまったのです』

この説明には、正直言って「そう言われても……」という感じです。

もしも彼の説明が真実であったとしても、現代社会においては警察も、被害者も、一般市民も、まず納得することはできないでしょう。

よしんば、そういう可能性があると考えたとしても、悪霊を捕まえることなどできない以上、憑依された当人にやはり責任があるはずです。

そういう霊に憑かれてしまうような原因を自分でつくり、操られてでも実行してしまったのですから、その償いをすべきだと思わざるを得ません。

フランチェッツォが先のように言ったのは、彼がもっとも憎んだ人物（こちらはまだ生きている）と再会したとき、強い復讐《ふくしゅう》の念がこみあげ、その復讐への欲望が、最下層の地獄でさまよう、まっ黒で恐ろしい形相をした霊たちを召喚してしまったのを見たからでした。

こうした悪霊は、本来、地表の世界では生存できないし、とどまることもできないそうなので、ちょっと安心してください。

ただし、自分たちと同じレベルの強い悪の欲望を感じると、それに感応して這《は》い上がってきて、その欲望をもった地上人や霊人に取り憑《つ》くのだそうです。

そしてフランチェッツォの場合にも、これらのもの凄い悪霊たちがまわりに集まってきて、『驚くほど悪辣《あくらつ》で恐ろしい、しかもすぐに実行できる非常に簡潔でやさしい復讐のやり方』を耳元でささやいたそうです。

彼は、「復讐への思いを捨てるように」という愛する女性からの強い呼びかけで、からくも悪霊たちの誘惑を振り切ることができましたが、これがそんな助けなどない、非常に孤独な青年であったりしたらどうだったでしょうか。想像するのも怖いくらいです。

フランチェッツォの教訓を生かすなら、結局、できることは一つしかありません。それは、たとえどんな理由があっても、恨みや復讐といった悪い想念を抱かないことです。「人を呪《のろ》わば穴二つ」という言葉がありますが、悪霊を召喚するような悪い念を抱くことは、結局はその人を破滅にしか導かないのでしょうから。

14

死んだ人と話す方法はあるのか？

霊媒を通じて話そうとしたフランチェッツォの恋人

霊は会いたい人のそばへ行けるけれど、相手にはわかってもらえず、悲しみを感じることが多いと述べました。それは、こういう状態なのだそうです。

『霊人たちは地上人の手や衣服、何にでも触ろうとしますが、彼らの手は地上人の手を握ることはできず、その声は地上人の耳には聞こえません。地上人の心には悲しみの感覚や死んだ者に会いたいという感覚はあるかもしれませんが、死んだと思っている者が、じつは彼らのすぐそばにいるとまでは思っていません』

亡くなった人も、残された人も、これほどまでに会いたい、意思を通じ合いたいと望んでいるのに、それが可能となる方法はないのでしょうか。とくに、残された地上人である私たちのほうから、彼らを見いだし、言葉をかわすための方法は？　フランチェッツォの恋人は、その一途な思いから、さまざまな手段を見つけて彼と話そうと努力しました。まず、彼が亡くなってすぐのころは**筆談**をしようと試みます。

このとき彼女に自動筆記の文字を書かせたのは、彼女自身の守護霊《しゅごれい》でした。フランチェッツォ自身には、まだそんなことをできる能力が備わっていなかったからです。

次に彼女が探してきたのは、**スピリチュアリストすなわち霊媒**です。この霊媒の男性はかなり能力の高い人だったようで、『不思議なことに私の言う内容を、全部と言わないまでも彼はよく理解できるようでした』とフランチェッツォは言っています。

さらに、これはちょっと科学的な面で懐疑的な現代の私たちには信じがたいのですが、**霊を物質化（！）できる霊媒**と出会い、彼らは手を触れ合ったり、顔を見たりすることができるようになったというのです。このことについてフランチェッツォは、

『この方は自分の肉体の奇妙な組織を通して、ある霊がもっている霊体に似た体を顕現させることができるといいます。その体は、その霊が地上にいたときのものとそっくりですから、それを見た地上の友人たちにもはっきりわかりました』

と言い、同時に霊媒を通じて会おうとすることがくだらなく、愚かしい行為に見えても、死者と生者の両世界の扉《とびら》を開こうとする努力を笑わずに、あるがまま認めてほしいと言っています。

私たちとしては、その彼の言葉を、あるがままに受けとめるしかありません。

15 お墓参りする姿を霊は見ている？

霊を安心させるためには大事なこと

日本では、春と秋にお彼岸があって、お墓参りをする習慣があります。花と水とお線香をもって、故人の墓に供え、お祈りをする。それが自分にとって大切な故人であれば、お墓の前で近況報告をしたり、変わらぬ愛情を伝えたりする人もいるでしょう。

しかし、お墓参りという行為は、実際のところ死者にとって役立つのでしょうか。

前にも言ったように、死者の霊はある時期までは遺体のそばにとどまるけれど、時間がたてばそこから離れていき、お墓にいるとはかぎりません。

また死者と話したいなら、わざわざお墓に行かなくても、フランチェッツォの恋人のように霊媒に霊を呼び出してもらい、直接話をするほうが早いかもしれません。

そうはいってもフランチェッツォの恋人も、霊媒を通じて会話ができても、実際には生者と死者が交信し合うなど幻想に過ぎないのではと考えたり、その奇妙な行為を家族に心配されたりして、落ち込むことが多かったようです。

まあ普通に考えたら、嫁入り前の娘が死んだ男性に夢中になって、毎日霊と交信しようとしていたら、それは家族は心配するし、当人の体にもいいはずはありません。彼女の守護霊も、しばらく自動筆記をやめさせないと、彼女自身が大きく損なわれる恐れがある、と警告したくらいなのですから。しかも、誰もが必ず信用できる霊媒に出会えるとはかぎりませんし。高額な費用をとったり、「もっと立派なお墓にしないとダメ」なんて無理なことを言う〝自称霊媒師〟に出会ったら、かえってよくない結果を招くかもしれません。

もしも、フランチェッツォの恋人のように、信頼できるスピリチュアリストに出会えたなら、その人の言葉を聞き、死者に愛のメッセージを送ってもらうのもよいことでしょう。ただ、一般的には、折々に私たちが死者が眠っていると信じているところ（つまりお墓）に行き、そこでしみじみと自分の思いを伝えるのも意味あることなのではないでしょうか。

なぜなら、それは単に死者にメッセージを伝えるだけでなく、自分の心とこれからの生き方を考えさせる契機になるからです。次の項目とも関連してきますが、地上に残った人々を心配する霊に対して、「私は大丈夫だよ。またお墓参りに来るからね」とこちらが報告して安心させることも、どうやらかなり大事なことらしいのです。

16 地上人が死を悲しみすぎると霊を苦しめる？

嘆きが深すぎると故人を悲しませる結果に……

大事な父母、愛している夫や妻、子供たちがもしも亡くなったら……。

残された人が悲嘆に沈むのはあたりまえです。泣いて泣いて泣きつくしても悲しみが消えない人もいるでしょうし、逆にうまく悲しみを表わすことができなくて心を病んでしまう人もいるといいます。人間が感じるストレスのなかで一番強いものは、大事な人を亡くした悲しみであると心理学でもいわれ、私たちはそのことの痛みからなかなか抜け出せません。

しかし、いくら死者のことを思っての嘆きであっても、それは亡くなった人の霊にはよい影響を及ぼさないようなので、注意が必要です。

『私はとにかく大量の霊たちが、行こうと思えばもっと高い霊界に行けるにもかかわらず、地表の霊界に執着しているのを見てきました。その理由は、自分たちの死をあまりにも深く悼《いた》む人々が地上にいるからであり、世の試練と戦い続ける地上に残してきた人たちへの愛情があるからです』

フランチェッツォは、このように伝えています。そして、指導霊であるアーリンジマン師の力で地球とその霊領域を見せられたときには、次のようにも言っています。

『多くの地上人が、彼らの愛する貴重な人々を失って悲嘆にくれるのが見えました。二度と会えないという思いに縛られて、彼らは激しく悲しみ嘆くのでした。

しかし彼らが嘆き悲しんでいる当の相手は、彼らのそばで漂い、傍らに立って、自分たちがまだ生きていること、死が人から愛する思いや、やさしい願いを奪い去ることなどできないということを必死に示そうとしているのです。

けれど、彼らの必死の努力は無駄なようでした。生きている者は彼らを見ることも聞くこともできませんし、哀れな霊人たちは明るい霊領域に入ることもできません。

それは、地上に残してきた者たちがあまりに切々と嘆き悲しむので、その愛の絆のために霊人たちが地表の霊界に結びつけられ、彼らの霊の灯火が陰り消えてゆくからです。救いようのない悲しみのなかで、彼らは地球の大気中を漂うことになります』

私たちが愛する人の死を悼むのは、人間として当然の感情でしょう。けれども、霊となった故人を悲しみから救うためには、どこかでそれを乗り越えてゆかねばならないようです。

17

〝守護霊〟って本当に存在するのか？

自分が知っている故人は守護霊にはなれない

霊能者といわれる人のところへ相談に行って、「あなたの後ろにお祖母さんの霊が見えますね。きっと守ってくださっているのでしょう」と言われたら、あなたはそれを信じますか？

お祖母さんの外見の様子や、懐かしい思いで話を聞かせられたら、「そうか、自分の〝守護霊〟はお祖母さんだったのか」とつい信じてしまいそうです。

でも、ちょっと待ってください。

これまでお話ししてきたように、亡くなった人は霊となっても愛する人のそばにいて、見守っていることがよくあります。

だから、その霊能者が見たお祖母さんの姿は本物かもしれませんし、あなたを気遣ってくれているのも本当かもしれません。

けれど、そのことと「守護霊」であることは、また別のことのようなのです。

フランチェッツォの知っているある霊は、霊界での守護霊についてのシステムを、こう述べています。

『守護霊は魂の胚珠《はいしゅ》を、言うなればその子供時代から青年時代までをずっと見守り続けます。これは、その魂が自我意識の光を見たときから、体験と進歩をくり返しながら、ついに彼の守護霊と同レベルに至るまで続けられます。その後は、彼自身が新しく誕生する魂の守護霊となるのです』

これが真実だとしたら、一時期地上でいっしょに暮らしていたお祖母さんが、あなたの守護霊になるのはまず無理です。むしろ守護霊は、霊界にいる高次の霊が、長い時間をかけてその役割を務めていると考えたほうが、理にかなっているでしょう。

さて、フランチェッツォ自身は、彼の守護霊についてこう述べています。

『もう一人の教師はときどき見かけるだけですが、その人から私は強い影響を受け、多くの不思議な事柄を学びました。彼は他の霊たちよりずっと高い世界にいますので、一人の人物としてお目にかかることはほとんどありませんでした。

ただし、（まだ自分の霊性が低いために）はっきり見えないとはいえ、彼の存在と援助は、しばしば感じることができました。

あとになって、この方は私が地上にいたときの中心的な守護霊であったことを知りましたが、地上にいたとき私が抱いた多くの考えや示唆《しさ》、高貴な志などは彼からの影響だったのです。また、霊界に初めて入ってきたとき、自分のあまりにひどい状況に圧倒されそうになりながらもがく私に、警告を与えたり慰めてくれたりした、あの声は彼からのものでした』

フランチェッツォの（中心的な）守護霊は、これまで何度か紹介してきた「東方の導き手」アーリンジマン師その人です。

高次の霊であるアーリンジマン師は、フランチェッツォがまだ地上にいたころから指導していただけでなく、彼が『スピリットランド』で最後に到達した「日の国」に入る前、試練として訪れた「悔悟《かいご》の国」でも、わざと弱々しい老人に身を変えて、フランチェッツォの愛他精神をテストしたりしています。

ちょっと師の風貌《ふうぼう》をご紹介しましょう。

『彼は背が高く、威厳に満ちた顔つきをしており、長い優雅な、黄色で縁取りされた白い服を着ていて、同じく黄色の帯を腰に締めています。

彼の容貌は東洋人のもので、わずかに浅黒い色をしています。顔つきは誠実な感じを与え、美しく彫りの深い、アポロの彫像に見られるような顔です。

彼の目は黒く大きな目で、やさしさとやわらかさと同時に秘めた情熱と炎を奥深く隠していて、それが彼の強い意志でもって抑制され、制御されています。そして、あたたかな感じと強さをその表情や物腰ににじませていました』

と、外見の様子だけでも、いかにもあたたかく頼れそうな雰囲気が伝わってきます。

アーリンジマン師は東洋人で、前にも言ったようにゾロアスター教徒であり、何世紀も前に肉体を去った霊であるといいます。ではなぜ、人種も宗教も時代も違うアーリンジマン師が、フランチェッツォの守護霊となったのでしょうか。

それは霊界での「普遍的法則」といわれるもののためのようです。

霊界では『似た性質をもった霊同士は近づき、完全に反対の性質をもつもの同士は反発し合うので、お互いに決して混ざり合うことはない』のだそうです。

フランチェッツォとアーリンジマン師は、一見すると共通点はありませんが、フランチェッツォは師の熱く情熱的な性格や、意志の強さは、自分と共通するものがあると思っていたようです。

フランチェッツォの言葉を信じるなら、血縁ではなくても、自分とよく魂の似た霊が、守護霊として常に私たちを見守ってくれているのかもしれません。

18

〝生まれ変わり〟って本当にあるの？

●生まれ変わるかどうかは、守護霊の考え方しだい!?

死んだあとも生命が続くとわかったら、次に気になるのは、生まれ変わりはあるか、つまりもう一度現世で肉体をもつことはあるのか、ということではないでしょうか。

早くに亡くなった恋人とまた次の世で出会いたい、幼いまま死んだわが子にもう一度生まれてきてほしい……そんな切ない希望をもつ人は、おそらくたくさんいることでしょう。

また、亡くなった人でも、もしもう一度人生がやり直せたら、こんなふうに生きたい、と願う人もいることでしょう。

人は生まれ変わることがあるのかないのか、この問いに対する答えは、フランチェッツォとともに霊界の最下層への探索隊におもむいた、通称「律儀《りちぎ》な友」と呼ばれる男性が教えてくれています。

『するとあなたは生まれ変わりという教義を支持するのですか？』

というフランチェッツォの問いに対し、彼は、こう答えています。

『すべての霊がたどる絶対的な法則としてではなく、です。ただ、多くの霊たちにとって生まれ変わりは進歩の法則だと思います。

それぞれの惑星に生まれた霊、あるいは魂は守護霊をもちます。この守護霊は天界からこれらの地上の霊を、彼らの知性にもっとも合った方法で導き教育します。

この守護霊、あるいはある人が言うような天使という存在は、彼らが用いる方法とか、その考え方に違いがあるのです。それはどこにも同一のものはなく、すべての者が同じ道をたどる必要はないからです』

ちょっとむずかしい話ですが、要するに「律儀な友」が言いたいのは、**生まれ変わりは多くの霊の進歩に役立つ法則だけれど、すべての人が経験するわけではない。その理由は、人々を導く守護霊たちの間に考え方や方法の違いがあるためだ**、ということのようです。

このように考えると、「生まれ変わりはある、いやない」と論争するのは無意味みたいです。どちらもありだけど人によって（守護霊によって）違うのだ、と結論づけることができます。

では、その守護霊たちによって異なる方法とは、どういうものなのでしょうか。少し長くなりますが、再び「律儀な友」の言葉を引用します。

なかなか含蓄のある言葉です。

『魂は、その本質において不死で不滅ですが、それは不死で不滅の神から発出したものだからです。

種が下等な物質的地上の暗闇の中にまかれるように、魂は物質という下等な存在の中にまかれ、それから芽をふいてより高いもののなかに上がってゆくのです。（中略）

ある学派では物質的生命体に何度も新しく生まれ変われば、以前やり残したことをやり遂げたり、前世で誤った行為の贖罪《しょくざい》の業《わざ》をすることができるので、魂はより早く成長するといわれています。

しかし、こういったことがすべての霊たちの運命というわけではありません。他の学派では、霊界には魂の教育を素早く効果的に行なう手段があると主張しています。

そこでは自分たちに任された霊的児童たちに経験を積ませるため、地上ではなく下層の霊界へ送るという、まったく異なる方法がとられるのです。

彼らは記憶の中にある過去の地上の人生を生きることで、霊のまま地上人生での過ちを償うわけです』

なんだか、旅行に出かけて本当の冒険行きをする人と、家の中にいてヴァーチャルな冒険を経験する人の違いを言っているようにも思えます。

私たちがロールプレイング・ゲームが好きなのは、あるいは過去に霊界でこうした経験をしてきているから……なのかもしれません。

少なくとも、自分が生まれ変わるかどうかは、死後に守護霊と相談してみないことにはわからないようです。

あなたの守護霊は、どういう考え方をするでしょうか。

2 章

「心の中身」が「死後の世界」を決める？

――あなたは死んだらどこへ行く？

1 死んだあと、しばらくはいろんな世界を通過する

霊界にはさまざまな場所がある

もしも本当に、死んだあとにも意識があり、どこかで存在を続けるとしたら……。

いったい自分はどんな世界に行くことになるのか。

それは誰しも、経験してみるまではわからないことですが、できればそれより前にシミュレーションしてみたいと思うのが人情でしょう。

それにはまず、霊界全体がどういう構造になっているのかを頭に入れておかないといけません。

これも諸説あることですが、フランチェッツォはどのように言っているのか、その言葉を引用してみましょう。

『各霊界は、霊の指導者たちによって、いくつもの部分に分かれていると教えられました。それらは同じ基準で分けられているわけではありません。

たとえば、ある者は霊界には七つの領域があり、その七つ目の領域は聖書に書かれている天国であるとか、他の指導者は十二の領域があると言い、もっと領域が多い霊界もあると言う者もいます。

そのように分かれている領域は、さらにいくつかのサークルに分かれていて、通常は一つの領域に十二のサークルがあると言われます』

これを見ると、霊界の中でもずいぶんいろんな説があるようですが、これでは宗教によって霊界についての解釈が違ってくるのも当然なことなのかもしれません。

霊界は想念の世界ともいわれますから、自分が信じるシステム（宗教）に従った世界観でまわりを見て、「これがその場所か」と思いこむ可能性もあるのでしょう。

フランチェッツォが見た世界にも、やはりキリスト教の影響があるようにも思います。彼はいわゆる「天国」と「地獄」のほかに、その中間ともいえるグレーゾーンの場所があることを報告していますが、これはカトリックでいわれる煉獄《れんごく》（天国に導かれるという希望をもって浄化される場所）の考え方と似ています。

ここで、死後世界の一例として、フランチェッツォがどんな場所へ行ったか、順を追ってまとめてみたいと思います。

まず、亡くなってすぐにいたのは、いわゆる地表の霊界でした。

彼はしばらくここをさまよいますが、しばらくして「希望の家」と呼ばれる、治療と学びを兼ねた暗い場所へと移ります。

ここで地上の時間でいえば数カ月を過ごし、死後八カ月か九カ月経ったころ、地表の霊界の第一領域といわれる「たそがれの国」に暮らすようになります。

「たそがれの国」では、フランチェッツォは地表の霊界や、そこよりさらに低い霊界におもむき、他の困っている霊を助ける仕事をします。

このとき訪れたのが、「灰色の石の谷」「不安の国」「守銭奴《しゅせんど》の国」「不幸の国」「凍結《とうけつ》の国」「昏睡《こんすい》の洞窟」といったグレーゾーンの国々です。

ここでは、地獄へ行くほど悪人ではないけれども、身勝手な生き方をした代償として天国には入れない人々が暮らしていました。

その後、仕事を終えて「たそがれの国」で深い眠りにつき、第二の死を通り抜けたフランチェッツォは、さらに明るい「あかつきの国」で目覚めます。

「あかつきの国」は霊界の第二領域に属します。そしてこの領域から、最下層の霊界（地獄）への探索隊が出されることになり、フランチェッツォは地獄の霊たちへ救援の手をさしのべるために参加しました。

地獄には恐るべき場所がたくさんありましたが、それについてはこのあと4章でくわしく述べます。

さて、地獄の探索から戻ったフランチェッツォは、いつか愛する女性と同じ高次の領域に行きたいと願い、そのための試練として「悔い改めの国」へ行くことを決心します。

苦心の末、ここでの試練をクリアした彼は、以前にいた「あかつきの国」ではなく、さらに上の「朝の国」に用意された家に住むことになりました。

平和な「朝の国」に住んでしばらくしたとき、フランチェッツォは雲の間に黄金の門を見ました。

それは、第二領域での最高のサークルである「日の国」へ至る門でした。そこに素晴らしい館をもらうところで『スピリットランド』の本は終わっています。

彼の証言どおり霊界には七つの領域があるとして、フランチェッツォが到達できたのは二つ目の領域までです。また、サークルとしても十二全部を見たわけではありません。

しかし、それより上の世界がさらに素晴らしいことは間違いないようなので、そこは「天国」にかなり近い場所と考えてよさそうです。

2

生き方しだいで行く場所が違う?

●霊界では「心の中身」のみが問題

ところであなたは自分が死んだあと、どんな世界に行くだろうと思えますか?

「地獄だ」「天国だ」とはっきり言える人はたぶん少なくて、「地獄へ行くような悪事はしていないけれど、そうかといって天国行きを保証されるほど、崇高な生き方をしている自信もない」と思うのが、いわば普通の人ではないでしょうか。

また、フランチェッツォを例にとるなら、一人の人間がわずかな間に(たとえば「希望の家」にいたのはわずか数カ月の間です)いろいろな場所へと移るのですから、死後すぐにある場所に行ったからといってそれがすべてではないでしょう。

でも、できるならフランチェッツォが初めのころいたような暗い世界より、後に住んだような明るい世界に行きたい、死後といっても心があるのなら、楽しく生きていたいと思うのが自然だと思います。

死後の世界でどんな場所に行くかを決めるのは、この『スピリットランド』の本でも、あるいは各宗教でもいわれているように、その人の地上での生き方のようです。

しかしこれがなかなかむずかしくて、たとえばある宗教の戒律にそって暮らしていれば必ず天国へ行けるのかというと、そうでもないようなのです。

たとえば、グレーゾーンの国の一つ、雪と氷の「凍結の国」には、各国の宗教指導者たちが集まっているとフランチェッツォは言っています。つまり、霊界では地上での生き方の「形式」ではなく「心の中身」のみが問題になるのです。

ここでちょっと、簡単な質問をしてみましょう。次の質問のなかで、あなたが「そのとおりだ」と強く共感するものがあったら、番号を一つだけ選んでください。また、どの質問にも「そうは思えない」と感じる人は、どれも選ばなくてかまいません。

1　たとえ家族のためでも、自分の時間や仕事、生き方が犠牲《ぎせい》になるのはまっぴらだ
2　自分には才能があるのだから特別な扱いを受けるのは当然だ
3　この世の中で頼りになるのはお金だけだ
4　自分の人生なんだから、賭《か》け事《ごと》をしようが酒を飲もうが勝手じゃないか
5　人として生まれたからには出世が大事。ホームレスに同情する気はまったくない

6　快楽は金で買ってもかまわないと思う

7　大きな家や高級車、ブランドの服やバッグを手に入れれば幸せになれると思う

8　自分にひどいことをした人間は絶対に許せない

あなたは、どれかを選びましたか。あるいは選びませんでしたか？

このあと、フランチェッツォが霊界で訪ねた国のそれぞれを紹介しますが、あなたが選んだ質問の番号とその国の関連は次のようになります。

1……「灰色の石の谷」（74頁）

2……「不安の国」（77頁）

3……「守銭奴の国」（77頁）

4……「不幸の国」（79頁）

5……「凍結の国」（81頁）

6……「希望の家」（94頁）

7……「たそがれの国」（96頁）

ただし、今あなたがある番号を選んだからといって、死後にその世界へ行くとはかぎりませ

んからご安心を。

むしろ、自分が選んだ番号に関連のある国のところを読むことで、ほんの少しでも気持ちが変われば、そうした世界へ行くことはなくなるのではないでしょうか。

また、1から7のどれも選ばなかったが、質問8だけは「そのとおりだ」と思った人もいるかもしれません。これは「赦《ゆる》し」の気持ちに関係する問いかけです。

フランチェッツォが、それまでの暗い世界から抜け出て、明るく輝く世界に入るためには、あることを学ぶ必要がありました。それは「赦し」です。

自分にとって「敵」とも思える相手を「赦す」こと、それはとてもむずかしいことですが、それができる寛容さをもつ人は、おそらくグレーゾーンではなく、もっと明るい世界のほうへ行けるのではないでしょうか。

フランチェッツォが訪ねた国では、「あかつきの国」「朝の国」「日の国」などが明るい世界にあたります。

たとえ質問8に「そのとおりだ」と思ってしまった人でも、これらの国々のことをぜひ読んでみてください。いつか気持ちが変われば、その明るい国に立っているのはあなた自身かもしれませんから。

3 自己中心的な人が行く場所

「灰色の石の谷」の奇妙な生き物

先の質問の中で、1の「たとえ家族のためでも、自分の時間や仕事、生き方が犠牲になるのはまっぴらだ」に関連する場所が、「灰色の石の谷」です。

まず最初に、フランチェッツォが見たこの場所の風景をご紹介しましょう。

ここは『ぼんやりとした、寒い灰色の丘が周囲を囲み、たそがれ気味の空がその上をおおって』いるという寂しい場所です。そして、色づくものは何も見えず、草木の一本すらありません。

そんな谷に住む住人たちがどんな様子かというと、これもひどい。自分以外はろくに見えないグロテスクな生き物として、よたよた飛び回っているというのです。

その理由を、フランチェッツォは以下のように語っています。

『この谷に住む者たちは、すべてにわたって自分を中心とした生活を送り、自分を中心とした

感情で生活しているのです。そして自分たちの心を、無償の愛の美しさや温かさから閉ざしたままでいます。

彼らは自分のためだけの人生、自分の満足、自分の欲望だけを求めて生きてきたのです。その結果、彼らは自ら築いたかたくなで自己中心の生き方を表わす、灰色の荒涼《こうりょう》とした風景しか見ることはないのです』

こう言われると、内心、「自分はどうかな、そんなにわがままに生きているつもりはないけれど……」と、心配になる人もいるかもしれません。

もしも心配になるようでしたら、次の引用を読んで、生き方を少しだけ変えてみるのも悪くないでしょう。

万一、この「灰色の石の谷」に来てしまった場合に、そこから解放される方法が述べられているからです。

『この惨めな生き物（住人）は、自分以外の者たちに対して、何かためになることをしようという心が彼らのなかに湧いてくるまでは、お互いを見ることもできないのです。

もし彼らのなかに他者への意識が出てきて、相手の運命をよくするために努力するようになれば、そのことによって自分自身の運命をも改善することができます。

そうしてこそ、彼らの萎縮《いしゅく》した心は広がり、ついには、このかすんだような自己中心の欲望が渦巻く谷の鎖《くさり》から解き放たれるのです』

現代の私たちは、ものすごく自己への関心が強く、自分の事情だけに追われる毎日を過ごしがちです。

それでも、ときには身近な人に親切にしてみるとか、遠くの恵まれない子供たちのために募金をしてみるといったことに気持ちを向けてみるのもいいかもしれません。

「情けは人のためならず」といいますが、これまでは気恥ずかしくてできなかった小さなヘルプが、いつか自分を救う結果になる……可能性はアリです。

4 ケチな人が行く場所

●「不安の国」と「守銭奴の国」

次に、質問の2「自分には才能があるのだから特別な扱いを受けるのは当然だ」と3「この世の中で頼りになるのはお金だけだ」に関連している場所をご紹介します。

『大きな乾いた砂漠のような感じの国へやってきました。いくつかの場所では、彼らの住居同士がびっしりひっついていて、小さな町や市が形成されています。しかしその光景は、そこの住民の霊的貧困さを表わすように荒涼とした、醜いものでした。この国の住人は、みすぼらしく嫌らしい不快な顔つきをしていて、まるで浮浪者か乞食のようです』

ここは「不安の国」と呼ばれ、ほとんどの住人は地上生活を終えたばかりの人たちです。乞食のような姿の彼らは、集まっては不平を言い、口論しますが、その理由は「どうして私がこんなところに連れてこられたのか？」という不満にありました。

じつは、この人たちの多くは、地上ではリッチな生活を送っていたお金持ちだったり、流行の最先端を行く暮らしをしていた著名人だったり……つまりはセレブだったのです。それがこんな狭い、醜い場所で生活することになったので、周囲の人を見てはひどい人間だとけなしたり、自分は不当な扱いを受けていると訴えるわけです。

彼らがこの場所へ来た理由は、みなさんにはもうおわかりかもしれませんが、**自分の富を自分の享楽《きょうらく》のためだけに使い、他者にはほんのわずかしか与えなかったためです。この心の貧しさのために、死後の世界では貧者として暮らしているのです。**

フランチェッツォは、彼の言葉に耳を傾ける人には助言を与えて、さらに〝ケチ〟な人たちの国へと向かいました。そこの様子は、こんな具合です。

『その国は、まさに守銭奴だけが住んでいるような場所でした。（中略）もしそこで何か少しでもよさそうな物を見つけると、もっている巾着に包み込み、それがすべての物のなかでももっとも大切な物のように思い続けるのです。

普通、彼らは一人きりです。大切な物を取られやしまいかと本能的に恐れ、お互いを避けようとする孤独な存在なのです』

宝探しに夢中でフランチェッツォの存在さえも気づかない「守銭奴の国」の人々に、「自分にできることは何もない」と彼も足早にこの国を去りました。

5 ケンカ好きな人が行く場所

「不幸な国」は地獄よりは人間的な〝ならず者の町〟

では次に、質問4「自分の人生なんだから、賭け事をしようが酒を飲もうが勝手じゃないか」に関連した国とは、いったいどんなところでしょうか。

『「不安の国」では口論、不満、嫉妬《しっと》といったものが見られましたが、ここ（「不幸な国」）にはむしろ、激しい争いやケンカがあります。

ここにはまた、博打《ばくち》打ちや飲んだくれがいます。賭け事をする者、カードのいかさま師、商売の詐欺《さぎ》、地上にいたときにはスラム街のこそ泥であった者から上流社会の泥棒まで、ありとあらゆる種類の盗人《ぬすっと》たちがいました』

このように、一言でいえば〝ならず者の町〟、それがフランチェッツォが訪れた「不幸な国」の様子でした。ここの住人は、『その姿は人間というよりは、オランウータン、ブタ、オオカミ、あるいは猛禽《もうきん》のたぐいといったほうが、彼らの荒っぽく傲慢《ごうまん》で歪んだ容貌《ようぼう》にはふさわしい言い方でありましょう』といった具合で、しかもわずかな金や物を争って激しくいがみ合っています。このため、この国を見た最初、フランチェッツォは地獄にやってきてしまったのかと思うほどでした。

しかし、後に本物の〝地獄〟と呼ばれる場所に行った彼は、それに比べたら、ここの人々は穏やかで人間的だと述べています。ここの人々のなかには、地上ではいくらかましな生き方をしていたのに、死後にならず者とつき合ったことでこの国に墜《お》ちて来ている場合もあり、そうした人は、本人さえ望むなら上級の世界に戻る努力をすることができます。

フランチェッツォの霊界での友人となったラウルもそうした一人でした。

ラウルは、人妻との不倫により、その夫に撃《う》ち殺されてしまいました。ただ、彼を不幸にしたのは、殺されたことよりも、彼が愛した女性が死んだラウルのことも夫のことも本心からは愛していなかったことです。それを知って自暴自棄《じぼうじき》になった彼は、死後にならず者たちとつき合い、「不幸な国」に墜ちてきたのです。

もちろん、フランチェッツォはラウルに希望を説き、フランチェッツォの恋人も手伝ってその希望を信じさせることができました。ラウルは「不幸な国」から無事抜け出すことができ、その後フランチェッツォと共に霊界の仕事に携わって親友になったそうです。

6 打算的な人が行く場所

「凍結の国」は冷淡で利己的なエリートたちの国

「不幸な国」の次に、フランチェッツォは霊界の中でも奇妙な国へ派遣されました。

それは雪と氷に閉ざされた「凍結の国」で、そこには地上の人生で冷たい、打算的で利己的な人生を送った人々が住む場所でした。彼はその様子を次のように語っています。

『彼らはその地上における人生において、豊かな人生をもたらしてくれる、温かくてやさしい心の触れ合いや愛というものに心を閉ざし、それらを滅ぼし、凍りつかせてしまった者たちです。彼らの愛は完璧に押しつぶされ、破壊されているので、彼らのいるところでは日は光を放たず、凍りついた生活だけが残っているのです』

また、この国に入る可能性は、普通の人はかなり低いとも言っています。

『幸いに、この国の住民の数は他の世界と比べてずっと少ないのです。この国には偉大な政治家と呼ばれた人たちも住んでいます。彼らは自分の国を本当には愛していなかったし、心から国のためを思ったこともなかったのです。出世こそ彼らの目標でした。

またここには、あらゆる宗教人や、あらゆる国民のなかでも秀でた人がいました。厳格で信心は深いが冷淡で利己的なカトリックの枢機卿《すうききょう》や僧侶たち、ピューリタンの説教師、メソジストの牧師、長老教会の聖職者、英国教会の司祭と聖職者、宣教師、バラモン教の僧侶、ペルシャ人、エジプト人、イスラム教徒など、あらゆる宗教に属する人々が、この凍結の国にはいます』

先ほど、質問の5として「人として生まれたからには出世が大事。ホームレスに同情する気はまったくない」というのをあげましたが、この番号を選んだ人のなかに、もしも筋金入《すじがねい》りのエリートで、誰にも同情しないステンレスの心を一生もち続ける人がいたら、あるいはこの国に招かれることもあるでしょう。

フランチェッツォは、『彼らは誰一人として、自分の周囲の氷をほんの少しでも溶かせるような、温かい感情をもち合わせてはいません。もし温かさのほんの一滴でもあれば、たとえば哀れな者のために流す涙が一滴でもあれば、たちまち氷は溶けだし、この哀れな霊たちに希望が見えてくるのに』と言っています。やはり氷の中で一人暮らすよりも、氷を溶かす温かな感情の中に包まれて暮らすことをこそ、生ある間も死後も望みたいという気がします。

7 麻薬中毒者が行く場所

●何世紀も霊が眠り続ける「昏睡の洞窟」

さて、「凍結の国」から自分が住む「たそがれの国」に戻ろうとしていたフランチェッツォは、いくつもの広大な洞窟の中に、無意識・無感覚のまま横たわっている多数の霊がいることに気づきます。

その彼らの正体とは……。

『彼らは、阿片《あへん》の吸いすぎで自ら命を落とした人たちの霊でした。……多くの場合、彼らのような霊は何世紀にもわたって眠り続けます。この霊たちの様子は、ただ生きている、それだけです。（中略）

心のやさしい霊たちによって彼らが寝かせられているこの「昏睡の洞窟」には、生命力を与える霊的な磁気力が満ちていました。

介護の霊たちが、死体の行列みたいに並べられて昏睡状態にある霊たちに生命力を注ぐ仕事をしていました』

長い時間をかけて目覚めた霊は、中毒患者の苦しみを体験したあと、少しずつリハビリをして能力を快復させるという辛い作業をします。

それは、地上の人生で学ぶはずだった教訓や精神の発達から、薬によって逃げたことの代償なのだそうです。

現代の私たちからすると、「阿片」という麻薬は過去の遺物です。なので、この場所のことは質問のなかには加えませんでしたが、考えようによっては、もっといろんな種類の薬物が横行しているのも事実です。

もしかしたら、フランチェッツォが見た「昏睡の谷」と似たような場所に、覚醒剤《かくせいざい》やシンナーや、次々と現われる新しい薬物の中毒者たちが横たわっているのかもしれません。そんなことをなくすように、フランチェッツォはこう警告しています。

『私には、この「昏睡の洞窟」の状況は表現できないほど悲しいものでした。

これらの惨めな眠る霊たちは、夢も希望もない眠りのなかに停滞し、貴重な時間を無意識のまま過ごすのです。

しかも、ついに目覚めるときがきても、今度はあまりに恐ろしい運命が待っていることに気

づかされるのです。

それは、彼らが地上の人生で零落《れいらく》する前の地点に戻るだけでも、恐ろしく危険な道を昇らなければならないからです。

もし、こうした霊界の事実を知れば、恐るべき阿片の密売などで利益を得て富を増やす者がいるということだけでも、恐ろしいことではありませんか』

麻薬は地上の肉体だけでなく、霊界での精神まで壊す。

その事実をみんなが知って気軽に手を出さないでくれたら。なおかつ、それを製造し、販売する者をなくせたら。

霊界で悲惨な状況を見た彼は、そう願っているのではないでしょうか。

8

「地獄行き」にあたる罪とは何か？

〝地獄〟は最下層の霊界

人間の死後の行く先として〝地獄〟というものがあるのは、あらゆる宗教でもいわれていますし、フランチェッツォの報告からいっても、やはり存在するようです。

ここでは、地上でどんな犯罪を犯した人が〝地獄〟にやってくるのか、実際にフランチェッツォが会った人々のケースをあげて考えてみたいと思います。

たとえば、〝火炎地獄〟という言葉がありますが、彼も地獄への探索中に生きたまま炎で焼かれる人たちを見ました。

それは、地上にいたとき何百人もの人たちをそういう死に追いやった圧政者や侵略者の霊だったのです。

この炎は物質的なものではなく、燃えている人たち自身の残酷さや怒りが燃料となっていたそうです。

またある場所では、嫉妬や貪欲、富や地位のためなど、さまざまな動機で殺人を犯した人々が集い、血で汚れた部屋の中でパーティーをしているのを見ました。

さらに死ぬまでは殺人を犯していなかった人でも、死後、復讐《ふくしゅう》のために人を死に追いやった霊にも会ったといいます。

その他、支配欲の権化《ごんげ》となって地獄の王国に君臨する者や、戦争や略奪《りゃくだつ》、流血を好んで、果てのない争いをくり返している霊たちもいました。

これらの人々について、フランチェッツォはこう語っています。

『まことに地上での人生こそ、霊界での各人の存在場所をつくり出しているのです。僧侶や司祭、貴婦人、兵士や商人、さらには不幸な（圧制や侵略を受けた）現地の人々でさえ、地上の人生の内容ゆえに……金に対する欲望と、虐待《ぎゃくたい》に対する怨念《おんねん》や復讐心のために、地獄に堕ちることになったのです』

フランチェッツォが出会った地獄の面々は、彼の生きていた時代のせいもあって、無慈悲な宗教者や王、傲慢な貴族や海賊といった古典的なイメージの人々が多く出てきます。

しかしだからといって、現代の私たちがそういう〝地獄〟とは縁がないと、はたしていえるでしょうか。

今日もテレビをつければ、世界のあちこちで戦争やテロが行なわれ、国内でも金のための殺人や強盗のニュースがあふれています。

形は変わっても、同じような犯罪は少しも減っていませんし、むしろ文明が進んだ分だけ、強力な武器でたくさんの人命がいっぺんに失われるような事態が増えているともいえます。

あるいは、そうした時代だからこそ、死後の世界をまじめに考えることが必要なのかもしれません。

フランチェッツォが属している〝希望の同胞《どうほう》団〟のリーダーが地獄について語っていた言葉の一部をここで引用してみたいと思います。

『今、我々が見ている光景は、この大いなる領域、人々が地獄と称する領域の、小さな、まことに小さな部分でしかない。

地球霊界における最低領域であるこの領域は、黒い質量からなる大いなる領域で、我々の周囲に何百マイルも広がり、地上における物質的な人生を終了した、大量の罪深い魂をその境界内に吸い込んでいる。

人間の思考力では考えられないほど無数の住居がこの領域には存在しているが、その場所や位置は、それぞれの住居を造った霊の個人的な特質を供えており、同じ顔や心が二つと存在しないように、霊界にはまったく同じ場所は二つと存在しない。

君たちが地表の霊界に戻るときには、自分が経験したこの探索で学んだ真理のすべてを公表し、すべての人が希望をもつことができるように、さらにまだ間に合うのであるから、自分たちの道を注意深く進もうという意識をもつように努力することを願うものである。

地上にいるときに自分のあやまちを正すことのほうが、死んだあとよりずっとやさしいのである』

フランチェッツォが、霊媒《れいばい》のA・ファーニス氏を通じて『スピリットランド』を著したのは、こうした霊界からの要請があってのことなのかもしれません。

ともあれ、地上の私たちとしては、「地獄行きにはなりたくない」と願うならば、希望の同胞団のリーダーが述べている「地上にいるときにあやまちを正すほうがずっとやさしい」というアドバイスを真摯《しんし》に受け止めたほうがよさそうです。

人生には思いがけぬ出来事がつきものです。そんなとき、自分の弱さからあやまちを犯してしまうこともあるかもしれません。

それを心にしまったまま人生を終えることもできそうですが、できることなら地上にいる間にそれを正しておいたほうがいいと、このリーダーの言葉は諭してくれているようです。

9

〝地縛霊《じばくれい》〟にならないためには？

●未練や後悔、恨みを残さない

フランチェッツォが死後間もないころ、地表の霊界をさまよっていたときのこと、そこで彼に声をかけてきた霊たちがいました。

『このころより私は、何か暗闇の中を近くで漂いさまよっている私のような存在が他にもあるということに気づいていました。（中略）やがて寂しくてやりきれなくなった私は……あの暗い影がふわふわふわしている中に入ってゆきました。

ほどなく一人の男と二人の女と思われる黒い影が、いったん近くを通り過ぎたあと、振り返って私のほうへ近寄ってきました。男が私の腕に触って「どこへ行くんだい？」と言って笑い、女も「いっしょに来なよ、死んでからもまだ人生の楽しみは終わっちゃいないことを見せてあげるよ」と言いました。

一人ぼっちだったので、誰か話し相手が現われたことをうれしく思いましたが、この三人は

三人とも顔を背けたくなるようなひどい姿をしていました。しかし、何が始まるか彼らについて行ってみたいと思い、向きを変えて彼らについて行きました』

このあと、フランチェッツォには〝愛する人〟の警告が聞こえ、いっしょに行くのを思い止まるのですが、ついて行けばおそらく、「不幸な国」で出会ったラウルのようにさらに下の霊界に落とされるか、その恐ろしげな姿の霊たちと同じように、いつまでも地表の霊界をさまよう結果になったでしょう。

こうした地表をさまよう霊について、後にフランチェッツォはこう言っています。

『この地表の霊界は、領域的に見ると地球の上層界の第一番目と下層界の第一番目の両方にまたがって存在し、普通、多少なりとも地に縛られた霊たちの存在場所と見なされています。(中略)「たそがれの国」でさえ、文字どおり以前の地上の住まいに縛り付けられ、地表の霊界をふらつく霊たちが住んでいるところよりは上のクラスなのです』

地に縛られた霊といえば〝地縛霊〟のことを想像しますが、怪談に出てくる地縛霊とは、事故や殺人、戦争などで死んだのに、自分の死がわからずその現場をさまよう霊や、またはそのように死んだことを恨んでその場に留まり続けている霊をいいます。

けれども自分の死を自覚していても、あるいはとくに恨んでやろうという気がなくても、この地上に何らかの未練や心配事があると、そこから離れることができずに、結果として〝地縛霊〟になってしまう人もいるようなのです。

そしてそれは、その霊がよい人間であっても、罪ある人間であっても、関係ないようです。

フランチェッツォの報告から、まず地上で良い人だった場合をあげてみましょう。

『私は一人の母親のことを知っています。彼女の息子は悪の道に入ってしまったのですが、その息子は自分の母は、はるかな天国にいると信じています。

その母親は何年も息子のあとを追いながら、自分の存在を印象づけよう、そして息子に警告し、悪の道から救いだそうともがいていました』

息子を救いたいという母の願いが、不幸にも彼女を地表に縛り付けているわけです。
一方、地上で罪を犯したことのある人の例です。

『私はアン女王治下の時代の霊人に会ったことがあります。その人は他人の財産を偽造した権利証書でだまし取ってしまいました。
私が会ったときの彼は、地上でだまし取った家と土地に縛り付けられていて、その鎖を断ち切って自分を解放できずにいました。彼は、自分で隠した本物の権利証書のありかと、この財産の本当の所有者の名前を霊媒を通して告白しないかぎり、いつまでも解放されることはないのです』

その後、この罪ある人は告白をして家からは自由になりましたが、地表の霊界で罪を償うために働いているそうです。**私たちが死後にこうした〝地縛霊〟にならないためには、何よりも地上の生活で、未練や後悔《こうかい》、恨みを残さないように生きることではないでしょうか。**

つまり、煩悩や執着を捨てるという、ちょっと仏教的なスタンスが、明るい霊界へと向かうには効果的なようなのです。これは私たち日本人には、比較的なじみやすい考え方のはず。自分の心にどんな煩悩や執着があるか、あるいはないのか、ときには整理してみるとよさそうです。

10 〝行きすぎた快楽〟は霊にとっては〝痛み〟になる

●「希望の家」での癒《いや》し

さて、フランチェッツォが死後、地表の霊界の次に移動した場所は「希望の家」でした。彼はそこで体のひどい痛みを癒してもらいましたが、そうした霊への治療の様子や、その治療がなぜ必要になったのかについてフランチェッツォはこんなふうに述べています。

『ここで「希望の家」で行なわれている、惨めな霊人たちを癒す、すばらしいシステムについて説明せねばならないでしょう。

生まれつき医者とか治療師になるような能力をもつ進歩した霊人たちは、（中略）もっとも惨めで苦しんでいる者たちに対する介護を行ないます。彼らは霊的磁気やその他の力を使って、苦痛を一時忘れさせることができるのです。

しばらくすると再び苦痛が始まりますが、この苦痛がない時間に弱い霊人たちは力をつけ、忍耐力を増して、ついには自分で苦痛を和らげることができるようになり、今度は彼らが他の苦しむ同胞に対し、霊的磁気を送る仕事に従事するようになるのです』

フランチェッツォは、ここは地上の病院に近いと言っていますが、病状が軽い者が治療の手伝いをするところなど、病院とはいえ野戦病院に近いような感じがします。では、こうした「希望の家」に入り治療が必要になる霊は、地上で何をしてきたのでしょう？

フランチェッツォは明言するのを避けていますが、どうも先にあげた質問の6、つまり「快楽は金で買ってもかまわないと思う」に関連するところらしいのです。

『たとえば、男はみなそうするとか、男にはそうする権利があるとか言って、我々男がやってきたことが（「希望の家」の講義で）示され、次にそれらを他の視点から見たらどうなるかが示されます。

つまり、いくらかでも我々の犠牲になった人々の視点から、あるいは我々を楽しませ、情欲を満足させるために設けられた社会機関の犠牲になった人々の視点から、ということです』

彼の痛みの原因は、強姦や買春行為のようですが、この他にも飲酒癖《いんしゅぐせ》や地上の人々に憑依《ひょうい》して快楽を求めることなどが霊体を痛めつける要因としてあげられています。

人間が本能をもった生物である以上、快楽を求めるのはしかたありませんが、こうした〝痛み〟につながるような行きすぎには警戒が必要、ということでしょうか。

11

利己主義や物欲がすぎると魂の発達を妨げる

物欲への反省を促す「たそがれの国」

「たそがれの国」は普通は地表の霊界の第一面であるといわれ、フランチェッツォによれば、ここは人生をあまりに利己主義と物欲に囚われて過ごしたために、魂がまったく発達しなかった霊たちが来るところなのだそうです。

彼の「たそがれの国」での生活ぶりはというと……。少し長くなりますが、具体的に引用してみます。

『我々の生活を地上のみなさんによく理解してもらえるかどうかわかりませんが、どのみち奇妙なものに思えることでしょう。それは地上の生活に似ているとも似ていないともいえるものです。

たとえば、ここでは簡単な食事をしますが、食べ物は空腹を感じるとたちどころに出てくるように見えます。しかし、食事のことなど考えないでいると、しばしば一週間も食事なしで過ごします。

私たちの周りには、いつもたそがれどきの薄明かりがあり、それは暗い夜でも日中でも変わることなく、とくに（花と太陽がいっぱいの土地に生まれた）私にはとてもうっとうしく感じられました。

さて、我々は地上でもやるように、建物の中や周りの土地をよくぶらつくことがありますが、意志の力で少しばかりは空中を漂うこともできます。しかし、より進歩した霊たちに比べれば、あまりうまくは飛べません。

そのほかに地上生活から見て奇妙なことは、我々が着ている物でしょう。着古すということがなく、不思議な方法で新しくなってしまうのです。探索している間や、私がこの住居にいるときには、とても暗い青色の服を着て、黄色の帯を腰に締めていました。

生活はどちらかというと単調で、規則的な取り決めにしたがって、勉強や講義がちょうど時計の針のように正確に進められていきます。

それぞれの霊的、知的発達に応じた学習が終了すると、霊たちは次のもっと高い部門の学習に向かいます』

なんだか、賄いと洗濯つきの寄宿舎で暮らす学生、というような暮らしぶりです。

しかし、こうした「たそがれの国」の生活の簡素さ、質素な様子というのは、あるいは彼らが地上で物欲に囚われていたことへの反省を促すものなのかもしれません。

そして周囲の環境も、それにともなってかなり殺風景だったようです。

『私がいるこの場所には花が存在しないのです。草の葉でさえ、あるいは木や干からびた灌木《かんぼく》さえも存在しません。利己主義が支配する乾いた不毛の土壌には、何の花も咲くことはないし、萌えいずる緑の葉もないのです』

けれど、そんな場所に暮らすフランチェッツォにも、二つの宝物がありました。

一つは、愛する人の絵というか、姿が映される鏡のようなもの。そしてもう一つは、決してしおれたり、枯れたりしない、まだつぼみの白いバラです。

この二つのどちらも、彼の恋人からの贈り物で、それは『あの方が不断に私を思ってくれているからであり、また私自身の進歩への努力の結果でもある』と（上級の霊から）告げられたそうです。

先にあげた質問のなかに、7の「大きな家や高級車、ブランドの服やバッグを手に入れれば幸せになれると思う」というのがありました。今の日本人にはあたりまえの考え方です。

イタリア貴族だったフランチェッツォも、きっと生前はこうした考えを否定しなかったと思います。

彼は車はもっていないにしても、きっと大きな館に住み、豪華な衣服を身につけ、美味の並ぶパーティーに出席していたのでしょうから。

けれど、霊界に移ってからの彼は、そうしたものを懐かしがることはほとんどなかったようです。それどころか、こんなふうに言っています。

『暗い世界から「たそがれの国」に戻ってきたときには、あたかもわが家に戻ってきたように感じたものです。むき出しでみすぼらしい私の部屋は小さくて狭いのですが、この部屋には最高に貴重な宝物があります。愛する方が映し出される絵鏡と、バラの花、それに彼女の送ってくれた手紙です。

さらにここには友人がいます。彼は私と同様、不運な状況にいます。我々は通常は一人でいますが、ときに友人が訪ねてきてくれるのはうれしいことでした』

愛する人の姿を忍ぶものと、花と、友人があれば、そこがわが家だと感じられるようになったからこそ、フランチェッツォは物欲を克服したことになり、次の「あかつきの国」へと招かれたのではないか。

そんな気がします。

12

死後の世界では〝利己主義の克服〟が大きなテーマ

「あかつきの国」での晩餐会《ばんさんかい》

暗い国の話が続きましたが、フランチェッツォが行った死後の世界のすべてがそういう場所ではありません。

『（第二の）死の眠りから目覚めてみると、私の周りの環境はずっと喜ばしいものに変わっていました。

とうとう日の光を見ることができたのです。

またシダや牧草が、「たそがれの国」の固い不毛の土地とは違ってみずみずしく地面を覆《おお》っていました。

この地帯は、「あかつきの国」と呼ばれています。空は淡い青を含む灰色です。

私のいる部屋は、それほど贅沢《ぜいたく》なものではありませんが、見たところかなり気持ちよさそうで、地上のどこか別荘の中にもありそうな部屋です』

寄宿舎のような暮らしをしていた「たそがれの国」に比べると、だいぶ心の安まる暮らしが次のステップでは用意されていたようです。

そして、ここでフランチェッツォは、下層の世界から新たに到着した霊たちのための晩餐会に出席します。

そこには彼のような新参者が五百人から六百人もいて、それを千人ほどの人が出迎え、歓迎していたそうです。

『ほどなくホールの一方の端にある大きな扉《とびら》が開いて行列が入場してきました。

最初に入ってきた方は、もっとも威厳《いげん》に満ちた壮麗《そうれい》な感じの霊人で、鮮やかな青色の礼服に身を包んでいました。

ホールの上座には白、青、黄の天蓋《てんがい》でおおわれている荘厳で美しい席が設けられていて、この人物は我々に挨拶してからその席に座りました』

この人物とは「希望の同胞団」の指導者で、彼からのスピーチがあった後、霊たちは一人ずつ〝利己主義と罪に対する戦いの勝利者〟として月桂冠《げっけいかん》を授けられます。

その後、賞賛の歌が歌われ、祝宴が始まるのですが、そこで出されたごちそうについては一章でご紹介したとおりです。

この国に至る方法は、フランチェッツォが身をもって示したとおり、〝利己主義の克服〟ということです。それを彼は、「希望の同胞団」の一員として、他の霊を救う活動によって獲得しました。

このとき『私にとって他人を助けることは、自己否定と犠牲について学ぶ手がかりになります』とフランチェッツォは言っています。

この彼の言葉は、ボランティアというものの本当の意味を教えてくれています。

つまり〝しかたなくやる人助け〟ではなく〝自由意志から出た行動〟であり、だからこそ意味のある行動だということを、私たちに教えてくれています。

13

霊界でも自分の家がもてる？

「朝の国」で初めて家をもつ

「あかつきの国」から地獄への探索へとおもむいたフランチェッツォは、そこから帰ってしばらくして、「悔い改めの国」へと旅立ちます。

それは、『もしあの方（恋人）が地上を離れるときには行くことになる、そんな霊界の（高い）領域にまで到達したいという欲求を感じるように』なったからです。

「悔い改めの国」は、フランチェッツォには試練の旅となりましたが、その詳細は5章でお話ししたいと思います。ここでは、彼が無事にその試練の旅を終えたあと、新しい領域に迎え入れられ、そこで初めて自分の家をもったことをご報告しましょう。

『ところで私は、「あかつきの国」に留まるようにはなっていませんでした。私の家は今は「朝の国」の領域内にあり、友人たちに付き添われてそこへ行ったのです。

ここ「朝の国」では、私は小さな家をもてることを知りました。この小さな小屋は実に簡素

なものですが、とても大切なものとなりました。本当に平和な場所でした。緑の丘が小屋の周囲をめぐり、前方の平地は黄金色の牧草地帯となっていました。

ただ、家の周りには木も灌木もありませんし、私の目を楽しませる花もありません。しかし、そこには甘いスイカズラのつたが玄関にいっぱいからまり、その愛らしい香りを部屋の中に漂わせています。この小屋には、小さな部屋がたった二つあるだけです。一つは客を招き入れたり勉強したりするために、もう一つは休息をとるためで、地表の霊界での務めを果たして疲れたときなどには、そこで休めるようになっています。

外に見える青空からはとても美しい光が射し込んできましたが、私の目は、その光を待ちくたびれたように飽きることなく、何度も何度も見つめていました。

フランチェッツォは、現在ではもっと美しい領域に滞在し、ずっと立派な家を与えられているそうですが、それでも『初めて自分の家が与えられたあのときに感じた幸福以上の幸せを感じたことはない』そうです。

新しい世界でささやかながら自分の家をもち、やがてくる恋人のためにさらに上の領域をめざすために仕事をする。なんだか死後の世界のことというより、とてもリアルな感じがします。「あの世」でも「生きる」ことには大して変わりがないのかもしれません。

14 寛容の心をもつほど上の世界へ行ける

光り輝く「日の国」へ

霊界は、想念の世界であるとフランチェッツォは言います。

『私は、空に浮かぶ雲が流れて、自分が想像する形をとるのを見るのが好きでしたが、ようやく入ることができた霊界の第二領域では、空にいつもふわふわとした雲が流れていて、美しく輝いていました。

何人かの霊人から、彼らの見る空には雲が全然見えないと聞いたことがありますが、確かに彼らの国ではそうなのです。

霊界では我々の想念や願いが環境をつくり出します。私は雲を見るのが好きなので、私の見る空には雲があるのです』

あるとき、「朝の国」で、フランチェッツォは雲の間にあるヴィジョンを見ます。

『それは、砂漠で見る蜃気楼《しんきろう》のように地平線の上に浮かんでいて、とてもはっきりとしていました。

しばらくして消えましたが、それは極めて美しい精妙な金でできた門でした。何かすばらしい国の入り口にありそうなものでした』

その門の招待に従い、フランチェッツォはその門を通り抜けた向こうにある、新しい国へと旅立ちます。

それまでいた「朝の国」の小さな家に愛着を感じていた彼は、だいぶ後ろ髪を引かれたようですが、にもかかわらず、すぐ出発したのには理由がありました。

それは、『長くいるとその場所になついてしまう』からなのだそうです。「住めば都」といいますが、霊界にもそんなことがあるのですね。

とはいっても「地獄だって住めば都」と思うようには、誰だって決してなりたくないでしょうが。

フランチェッツォが到達したこの「日の国」は、前にもご紹介したように、霊界の第二領域における最高のサークルです。

でも、それは逆にいえば、まだまだ上の領域があるということでもあります。

もし、この本をお読みになっている方が、この「日の国」と同程度か、それよりも上の領域に行くことを願うなら、越えなければいけない関門があります。

それは、フランチェッツォの経験からいうならば、「敵を赦す」ことです。

この「日の国」に入る前、フランチェッツォは地表において絶対に許せないと思う相手と会っています。

それまでも何度かその相手と会っていましたが、「復讐したい」と思う心はなかなか消せなかったといいます。

そのフランチェッツォの心に変化が起こった後、彼の環境もまた変わりました。人を完全に許すことのできた彼の心が、より明るい日の光を呼んだのです。

さて、この章の初めのころに出した質問のなかに、8「自分にひどいことをした人間は絶対に許せない」というのがあったことを思い出してみてください。

この質問に対して「いや、自分は許すことができる」「すぐには無理かもしれないが、いつかは許せると思う」と思えた人は、フランチェッツォよりも早く、光り輝く国に入る可能性が高い人だといえるでしょう。

あなたの答えは、どうだったでしょうか。

3 章

ここまで見えた霊界のしくみ

——学校もあるし仕事もある？

1 先に死んだ人に会えるか?

やっとかなった父母との再会

もしも自分が霊界に行くときが来たら……。まっ先にしたいと思うことは、これまでに亡くなった大事な人たちに、もう一度会うことではないでしょうか。

日本では、死期が近くなった人が、枕元に知人の霊が来てくれたのを見たりすると「お迎えが来た」と言うことがありますが、このように死ぬ前から大事な人に会えるのは、むしろ幸運なことのようです。

というのも、霊界にはある法則があって、あまりに霊人同士の住む世界の場所が違うと、会うのがむずかしいからです。

『状態が異なっている霊同士の間には、乗り越えることのできない障壁が築かれています。そして、上位の者はいつでも望めば訪問したり、援助したりするために下の世界に下降することができますが、下位の霊たちには、二つの世界に横たわる大いなる深淵を超えることはできません』

フランチェッツォ自身も、守護霊《しゅごれい》の中心メンバーであったはずのアーリンジマン師に会うことはなかなかできませんでした。

アーリンジマン師は、フランチェッツォがまだ地表の霊界にいるころから、警告を与えたり、近くに来てくれたりしていたようなのですが、フランチェッツォのほうがその姿を見るだけの霊的な視力を備えていなかったためです。

このためフランチェッツォは、霊界に行ってしばらくは、かつて親しかった人とは誰にも出会えずにいました。

けれど、霊界の第二領域である「あかつきの国」に移ってようやく、コンタクトがとれるようになったのです。

『さて、私は死んでからいままで、私より先に死んだ親族や友人の誰にも会ったことがありませんでした。

ところがある日、いつものように愛するあの方のところに会いに行きますと、彼女は何か不思議なメッセージを受けていました。

あとで彼女が言うには、訪ねてきた霊人がいて、それは私の父親であり、彼女に私宛のメッセージを渡してほしいと頼んだというのです』

　フランチェッツォは放蕩《ほうとう》していたころの自分を恥ずかしく思い、父に会うことをためらいました。

　しかし、渡されたメッセージを聞いてみると……。

『父の言葉は、この世に与えられるにはあまりにも貴いものでした。イエスのたとえ話に出てくる放蕩息子を迎えた父親こそ、このような言葉で迎えたに違いないと思われました。

　ああ！　この言葉を聞いたとき、もう一度あの父に会いたいと、そして子供のころのように父の胸に抱かれたいと願いました。

　そう思って顔を振り向けると、なんと父の霊がすぐそばに立っているではありませんか！

「お父さん」、「息子よ」という言葉以外何もありません。ただ抱擁《ほうよう》し合うのみでした』

　感激の再会となりました。

　じつは、フランチェッツォの父は、彼より一段階上の第三領域に住む霊人でした。このため、フランチェッツォが地上と霊界を放浪している間、父はずっと見守り続けていたのですが、彼にはその姿が見えなかったのです。

　そして、フランチェッツォがようやく「日の国」（第二領域の一番上のサークル）に到達したときには、新しく与えられた自分の家で、父だけでなく早く亡くなった母や兄弟、友人たちとも出会うことができたようです。

日本の、とくに古い時代の芝居や物語には、「あの世でいっしょに暮らそう」と心中したり、後追い自殺したりするものがあります。

でも、ここでじっくり考えてみてください。

いっしょに心中したとしても、それまでの人生で、二人は同じような生き方をしてきたのでしょうか（霊界では、生き方で行く場所が決まるといわれています）。

あるいは先に亡くなった人は明るい霊界にいるとして、あとから自分の人生を放り投げて自殺する人が、果たして同じ場所に行けるでしょうか。

フランチェッツォの例を見ても、「あの世でいっしょに」を実現するのはそう簡単なことではない気がするのですが、どうでしょうか。

もしも本当に「あの世」で大事な人に会いたいなら、その人と同じかそれ以上に、自分の人生をがんばって生きるしかなさそうです。

自分自身が高い霊界に行くことができれば、フランチェッツォの父のように、そばで見守ったり、会いに行ったりすることも可能になるでしょうから。

2 〝天使〟は本当にいるのか？

力強い光の戦士としての〝天使〟

天使といえば、某お菓子メーカーのキャラクターのように、頭に輪っかをのせた、羽が生えた子供をつい想像してしまいませんか。

でも、残念ながら『スピリットランド』には、そうした〝天使〟は出てきません。そのかわり、もっとマッチョな、強そうな大人の天使の姿は描かれています。

フランチェッツォが「日の国」に住むようになったある日のこと、アーリンジマン師から招かれ、高次の世界から地球の霊界を見下ろす機会を得た彼は次のような光景を眼にします。

『黒い雷雲が地上をおおい、いよいよ暗くなってきて夜のようになり、するとあの地獄の暗黒の領域から嵐のような轟きが起こってきました。そして嵐によって波立つ大洋のように黒い悪霊の群れが、明るい霊人たちの群れに向かって襲いかかりました』

誰でもこんな光景を見せられたら「このままでいいのか、助けは来ないのか」と手に汗握ってしまいそうですが、フランチェッツォがそう思ったそのとき、あることが起こりました。
『すると明けの明星のような一つの光が、きらきらとまぶしく輝きながら下へ下へと降りてきてだんだん大きくなりました。

それは天界から降りてきた巨大な天使の軍勢でした。……この力強く輝かしい天使の軍勢は地になだれ落ちて、壮麗《そうれい》な光の帯域で悪霊どもを取り囲み、まるで槍のように彼らを突き落とし、木っ端みじんにするのでした。（中略）

私は聞きました。「それでは、この輝く天使たちはいったい何者なのでしょう？」

するとこういう答えが（アーリンジマン師から）返ってきました。

「彼らもまた、あの最低の霊界において罪の償いを果たした者たちである。はるかなる昔に罪で汚れた服を悔い改めの泉で洗い清めた者たちであり、みずからの努力によって奴隷《どれい》の灰の中から甦り、高次の世界へ昇った者たちである。（中略）

彼らは地球の霊領域にある天界にいる天使たちである。一度は人間であった者たちなので、罪深い人間の苦労や奮闘に同情し得るのである」』

なんと、天使も元は人間だったのです！　天使のように羽で空を飛ぶことは人間の昔からの願いですが、努力すればこの願いはかなう可能性があります。

3 霊界にも戦争はあるか？

地上で戦争が起こる理由は……

ここで、ついでといってはなんですが、この天使の軍勢が戦う〝霊界の戦争〟とはどんなものなのか、考えてみたいと思います。

『ときどき私は黒い霊の群れが、岸を洗う怒濤《どとう》のように地上のあちこちにあふれるのを見ました。

すると光の霊人の軍隊が、これらの悪霊どもを追い返すのでした。両者の間には常に戦いがありますが、その戦いの報賞は人間の魂なのです。

この戦いにおける武器は彼らの意志そのものです。それ以外の武器で戦うことはありません。その力はあまりに強力なので、どちらもあまり長いこと相手と渡り合うことはできないほどです』

「死」というものを超えているはずの霊界に戦争がある、というのは何とも不思議な話ですが、

善と悪の両者が存在するかぎり、とくに悪のほうの勢力が勝っているような情況では、その覇権《はけん》を求めて争いをしかけるのは当然の成り行きなのかもしれません。

そして、それに対抗するべく善の軍勢が出てくる、ということのようです。

『悪霊の群れは、明るい霊人の群れを押し返しながら地を席巻《せっけん》するので、地表面から真理の光を覆《おお》い隠し、また光の扉《とびら》を一つひとつ襲って圧倒しようとしていました。

すると不思議なことに、今度はこの霊界の戦いが地上の戦いとなり、覇権を求めて国と国が戦うようになりました。

この戦争は世界的なもので、あらゆる国とあらゆる国民が、富と世界支配に対する貪欲な欲望に飲み込まれてしまったかのようでした』

これをみると驚くべきことに、霊界の戦争が地上の戦争へと波及していっています。この戦いの結果は、どうなるのでしょうか。

フランチェッツォによれば、

『物質的生命が存在する地球上と他の惑星上でのみ、善と悪はほとんど拮抗し合っている。地上でさえ、人が霊界からの援助に耳を貸さなくならないかぎり、善のほうがより強い力をもっている』

ということで、幸いなことに最終的には善の軍勢が勝つと信じてよさそうです。

フランチェッツォが見た大戦争が、第一次世界大戦か、第二次大戦かわかりませんが、ともあれ戦争が終わり、いったんは平和が戻ったのは確かなことです。

しかし、大戦とまでいえないにしても、現在もイラクなど世界各地で気の重くなるような悲惨な戦争が起こっています。

もし、恒久的な平和を望むなら、霊界の天使の軍勢に頼るだけでなく、地上の私たち自身が、今以上に戦争をなくす努力をする必要がありそうです。

4 霊界にも学校はある？

学びたいことを、学びたいときに

天使でも悪霊でもない一般の霊たちは、霊界に行ったらどんな毎日を過ごすのでしょうか。

フランチェッツォの場合は、学校で学んだり、霊界での仕事をしたり、家で休んだり……という日常を送っているようですが、ここで、もう一度霊界での学習システムを紹介しましょう。

『それぞれの霊的、知的発達に応じた学習が終了すると、霊たちは次のもっと高い部門の学習に向かいます。

ある霊人は、一つの教科の理解に大変長い時間を要します。地上での学習のように時間が限られているわけではないので、彼らは決してせきたてられることはありません。霊人として無限の時間をもっているからです。止まろうが進もうが彼の自由です。あるいはわかったところまでは進み、わからないところを理解したら再び次の段階まで進む、とこんな具合でよいわけです』

『学習を強要されることはありませんし、学習することを妨げられることもありません。すべて志願制で、この場所を去ってもかまいません』

自分のペースと興味に合った、自由な学びのシステムが用意されているようです。

ちなみに、学ぶ内容は自由で、フランチェッツォの守護霊アーリンジマン師の場合は、地上で研究していたオカルト・サイエンスの知識をさらに増やしたそうですし、その生徒のハセインは霊界における不思議な現象を研究しているそうです。

では、先生にはどういう人がなるのでしょう？　たとえば、「たそがれの国」で講義を行なう霊人をフランチェッツォはこのように言っています。

『当時の私の指導教官は、いろいろな面で私と似ていました。地上では私と似たような人生を送り、霊界に来てからは今私がやっているように、下層の霊界を通過してきた人です。今や彼は太陽が明るく輝く世界の住人で、私のような同胞団《どうほう》の生徒を教えるために、彼のいる世界からいつも来てくれるのです』

つまり、同じような傾向と経験の持ち主である霊が、自分の経験もふまえて、地上から来たばかりの霊たちに、再びあやまちを犯したり、間違った考え方をしないようにアドバイスをしているようです。

5 霊界での仕事とは何？

自分の望むことが仕事になる

フランチェッツォは、「たそがれの国」で学んだあと、「あかつきの国」から先では「希望の同胞団」の仕事を通じて、人を助けること、自分の心をコントロールすることを学んでいました。まずは、彼の仕事先がどんなところかご紹介しましょう。

『「希望の同胞団」は、霊界で助けを必要としている人々に援助の手を差し伸べるために存在する、無数の集団のなかの一つにすぎません。彼らの活躍はどの次元の霊界でも見られます。もっとも低くて暗い霊界から、地球を取り囲む高い霊界、さらにはそれを突き抜けて太陽系の次元にまで拡大した世界でも見られます。そのメンバーたちは、あたかも霊人の長大な鎖《くさり》のようなもので、低い霊は常に上級の霊に助けられ、護《まも》られるようになっています』

この「希望の同胞団」がどういうときに出動するかというと、

『苦しんでいる人を支援するとか、不幸な霊を助けるようにという救援の要請が同胞団に寄せられます。そこで、その仕事にもっとも向いていると思われる霊人たちが派遣される』ということで、ちょうど火事のときなら消防団が、災害のときにはレスキュー隊がかけつけるように、**霊人たちの救助**に向かっているようです。なかなか勇ましい仕事ですね。

フランチェッツォの経験のみからの報告なので、多少は偏りますが、このほかにも先ほどあげた**教師のような仕事**や、「昏睡《こんすい》の谷」にいたような**治療者の仕事**、そして**同じ人助けでももっと穏やかで優しい仕事**など、いろいろあるようです。

たとえば、「悔い改めの国」から戻る途中のフランチェッツォは、休息をとろうと立ち寄った美しい泉で、緑の服をまとった妖精《ようせい》の女性に出会いました。

『彼女のつとめは、私のような疲れた放浪者を助け、疲れを癒《いや》すことでした。「地上にいたときは森に住んでいました。そして、ここ霊界で私はとても好きな森に囲まれた場所にある住処を見つけたのです」。（そう言って）彼女は私に食物と飲み物をくれました。そして、木々の間に道が通っていることを教えてくれました』

自分の好きな森で暮らし、疲れている人を助けてあげるなんて、なかなか素敵な仕事です。こういう仕事なら、やりたいと思う女性もたくさんいるのでは？　金銭に縛られることのない霊界では、地上よりも自分に合った就職ができそうですね。

6 霊に行動の自由はある？

遊んで暮らすことも、もしかしたら可能

霊界での学校、仕事の様子を続けてご紹介してきましたが、なかには「もう地上でさんざんといっていいくらい、勉強もしたし、仕事もした。死んだあとくらいのんびりと休みたい」と思う人もいるかもしれません。

そういう人には、朗報です。

前にフランチェッツォも言っていましたが、基本的には、霊界での行動はその人の自由だからです。

『霊界ではすべてが自由です。

空気のようにどこへでも、自分の欲するところに、しかも好みに応じて行くことができますし、差し出された助言などを拒否する自由もあります。（中略）

あらゆる面において霊界では、働こうが怠けようが、善をなそうが悪をなそうが、祝福を得

ようと人を呪おうと自由なのです。そして、その姿がそのまま彼の環境に反映されているのです。

『つまり、その霊がいまいる場所は彼にもっとも合っている霊界なので、そこにいるわけです』

じゃあ、もしかしたら遊んで暮らすこともできる⁉

もし、本当にその霊がそれを望み、なおかつ地上で生きた人生がそれにふさわしいものなら、可能なはずです。

下層の霊界では無理ですが、中級以上の霊界はとても美しいところのようですし、地上で善男善女《ぜんなんぜんにょ》として生きた霊の多くは、そうした美しい霊界で食べる苦労もなく、楽しく過ごすことができるともいわれているからです。

では、なぜ、フランチェッツォは、美しい霊界で立派な家を与えられるようになっても、ずっとしんどい仕事を続けているのでしょうか。

それは、愛する女性にふさわしい、もっと高い領域へ行きたいと彼が願い続けているからのようです。

『自分があの方の霊的レベルに到達する前に、彼女が地上を去ってしまうのではないかという恐れに常につきまとわれていたのです。

この恐れの感情が、ずっと私を新たな挑戦、自分に対する完全な支配へと駆り立ててきたのです。

そして今や、自分が到達した進歩の段階には満足できなくなったのです』

こんなふうに述べるフランチェッツォと事情は違うにせよ、やはり自分の進歩を願う霊もいるでしょう。

美しい霊界でのんびりと休んでいるだけでは何か足りない、そう気づいた霊は学んだり働いたりするし、もっともっと休んでいたいと願えばそのようにできる自由が、霊界には用意されているようです。

7 霊界での時の流れは？

●ビジョンで時間を予知できる？

地上にいる私たちは、何をするにも「忙しい、忙しい」と時間や月日に縛られていますが、霊界ではどうなのでしょう？

そもそも、霊界にも時間というものが存在するのでしょうか。

これについては『霊界でも地上と同様に時間は過ぎていきますし、それにともなって新しい変化や進歩ももたらされます』とフランチェッツォは言っています。

実際に彼は、霊界に行ってからさまざまな勉強や仕事をし、自分の存在する環境をどんどん変化させていきました。では、その間、霊界ではどれくらいの時間が過ぎたのでしょう？

フランチェッツォが「悔い改めの国」へおもむく決心をしたとき、アーリンジマン師に「この路程は長くかかるのでしょうか？」とたずねると、師はこんなふうに答えています。

『いや、長くはかからず短い期間となろう。地上の時間で二週間ないし三週間ほどである。見てみなさい。この路程の後、君の霊が早く戻ってくるイメージが見える。これは二つの出来事の起こった時間の間隔が、大きくはないことを示している。

霊界では、時の流れは日や週や時間で計られるのではなく、ある出来事が完結するのに要する長さで計られている。あるいは、ある出来事が起こるとき、それを近くでか、あるいは遠方で見るかによって、または来るべき出来事が投げかける影が地上にすでに到達したか、あるいはまだ距離があるかどうかで計られるのである。

そこで我々は、地上の基準で計った時間とできるだけ近い時間で見ようとするのだが、我々のなかのもっとも賢い者でさえ、これを常に正しく行なうことはできないのである。このことはまた、地上の人々と交信するときに、彼らに予知する出来事の正確な日時を教えないようにすることとも関係している』

要するに霊界では、あるビジョンとして物事の達成する様子が見えて、それを地上の時間ならだいたいこれくらいだろう、と換算するらしいです。

この〝だいたい〟というところがミソですね。ノストラダムスの予言でも、それがいつなのか、本当に起こるのか、結局誰にもわからなかったわけですが、その理由は「賢者でも常に正しくは行なえない」という換算のむずかしさにあったのかもしれません。

8 霊界はどこに存在するのか？

●太陽の近くから地の底まで

ところで、霊人たちが勉強したり、仕事をしたり、はたまたゆっくりと休んだりしている霊界とは、どこにあるのでしょうか。

仏教でいえば極楽は西方浄土にあるわけですし、キリスト教ならば天国は文字どおり空の上に、地獄は土の中にあるわけですが、その実際は……。

フランチェッツォの意見を聞いてみましょう。

『私は地球の上方に七つの領域があり、下方にも七つの領域があると見ています。

上方か下方かというのは、近いか遠いかということで、太陽に近い方向が高く、遠い方向が低いということです。

太陽の引力にもっとも近い地点が、地球の霊界内で到達できる最高点と考えられ、もっとも遠い点が最下層の霊界です。

各領域は十二のサークルに分割されていると言いましたが、各サークルは交じり合っているので、一つのサークルから他のサークルへ移動するときは、ほとんど意識しないで移動できるほどです。

私は今まで地表の霊界にいました。これは、地球を取り巻く大きくて広いベルトのようなもので、大気中に浸透しています。（中略）

（地表の霊界にいる霊が地に縛られていると見なされるのは）それは彼らが、地球の引力圏の中心に沈むこともできなければ、反対にその引力圏からみずからを解放させることもできないからです』

ここでフランチェッツォが、「私は七つの領域があると見ています」と述べているのは、以前にもご紹介したように、霊界がいくつの領域に分かれているかについては、霊界内でも諸説があり、指導者によって考え方が違うとされているためです。

しかし、フランチェッツォは最下層の霊界にも探索に行きましたし、アーリンジマン師に呼ばれて高次の領域から地球を見下ろしたこともありますから、まずは信じてもいい情報だと思います。

上方の七つの領域は太陽に近いほど高次の霊界であり、最下層はもっとも太陽から遠い地中にあるというのは、これまでのフランチェッツォの報告からいっても納得できる答えです。なぜなら、下層の霊界ほど暗く物質的で、高次の霊界ほど明るさと霊性が増すことを、彼はずっと言い続けてきたからです。

太陽の輝くイタリアで生まれ育ったフランチェッツォは、ことのほか日の光を愛していて、各霊界でそれがどういう様子かくわしく述べていました。

そして、明るい霊界ほど太陽に近く、光のエネルギーに満ちあふれているというのは、私たちの感覚からしても自然な感じがします。

では、霊界はそのように地球の上方と下方にあるとして、広がり方のほうはどうなっているのでしょう?

『霊界では、惑星の地球のように表面が丸くないので、地平線にある物が消えて見えなくなることはありません。

また、地と空が最後に出会うようなこともありません。

そのかわり、空は頭上にある大きな天蓋《てんがい》(仏像などの上方にかざしたり、つったりする絹張の笠。あるいは、教会の祭壇などの上に置かれる覆い)としてあり、それは地平線にある山々の頂にかかる高原のようです。

ところが、その山々の頂に到達すると目の前には、また新しい国が広がっています。そしてそこには、さらに新しい地平線と山々があり、今到達した国よりもっと高いところに次の新しい国があります。

ですから、新しい国に移ってくると、その前にいた場所は下に見えることになります。それは高台の連続したもののようで、それぞれの高台は下に続いています。

その大地の美しさは下に行くほど減少し、最後には地表の霊界が地球を取り囲んでいるのが見えます。

その地表の霊界の下にはさらに高台のような感じの大地が連続して重なっていて、それらがずっと下の地獄にまで続いています』

イメージとしては段階的に円形の輪が広がっていくような感じでしょうか。

地球という小さな星よりも、もっとずっと広さと奥行きをもった世界が地球の上に広がり、地球の内部に重なるように下層の霊界も広がっている。

なかなか壮大な話です。

いずれにしても、霊界でさえ諸説があるわけですし、いろいろな宗教の極楽や天国がみなここに同時に存在していると考えれば、その広さが無尽蔵《むじんぞう》なのも当然なのかもしれません。

9 霊が増え続けても霊界は満杯にならない？

地球を超えた霊界もある

日本では少子化の影響もあって、将来は人口減少するだろうといわれていますが、世界全体を見れば、地球の人口はますます増え続けています。

普通に考えて、地球の人口が増えた分だけ死んで霊になる人も増えることになるでしょう。あるいは大きな戦争や災害が起こって短期間にたくさんの人々が亡くなるようなことがあったら、霊界では急に霊の数が増えることになるでしょう。

こうしたことを考え合わせると、いくら広いとはいえ、やがて霊界のほうも満杯になったりするのでしょうか？

フランチェッツォは、霊界内での霊人たちの移動について、自分の経験も踏まえて次のように言っています。

『下層の霊界の霊体から抜けて上層の世界へ入ることは、死亡時に肉体から霊人が去るときに体験する眠りと似た、深い眠りの間になされます（フランチェッツォが経験した第二の死がこれです）。

ただし、霊人が成長してもっと進歩し、霊妙さを増したときには、ずっと意識的な状態で行なわれます。

さらに、ある上層の世界になると、次の世界への移動は単に、服を着替えるように霊的殻《から》を捨てて、もっと霊妙な殻に変えることで行なわれるようになります。

こうして、さまざまな段階を通過しながら、地上的な性質や物質的な性質をその殻から喪失させて、魂は進歩を続け、地球の霊界を抜けて太陽系の霊界内へ入っていくのです』

ここで注目してほしいのは、「地球の霊界を抜けたら太陽系の霊界へ入る」とフランチェッツォが言っていることです。

つまり、どれほど地上から新しい霊たちが霊界へ移ったとしても、進歩した霊は地球の霊界から抜け出て、より広い太陽系の霊界に移るのですから、霊界が満員になる恐れはないようです。

それにしても「太陽系の霊界」とはどんなところなのでしょう？　違う惑星出身の霊人にいつかフランチェッツォが出会ったなら、その報告を聞いてみたいですね。

10 霊界の情報伝達方法は？

●ホームシアターやDVDまである！

フランチェッツォが地獄の探索隊から帰ったとき、うれしいことに希望の同胞団の祝宴が待っていました。

その席上で、彼は不思議なものを眼にします。

『やがてカーテンが滑るように左右に開き、磨《みが》かれた黒い大理石の大きな鏡が現われました。

それから静かに明かりが消え始めて周囲が暗くなり、相手の顔がほとんど見えなくなりました。

そして最後は、巨大な黒く磨かれた鏡の表面が見えるだけになり、その中に探索隊の二人のメンバーが映し出されているのが見えました。

次から次へと映像は変わり、各グループの一番低いメンバーからリーダーに至るまで、それぞれの体験が映し出されました。

その間ギリシャ悲劇の合唱のような伴奏が奏でられ、それは鏡の中のドラマの状況に応じて

変化します。音楽がやむと暗闇が消え、黒い鏡にカーテンが引かれ、我々はほっとため息をつきました』

現代の私たちから見れば、要するに探索の記録をわざわざ映像と音楽を編集して作り、その上映会を行なったのだな、とわかります。

しかし、よく考えてみてください。一九世紀に生きていたフランチェッツォは、ビデオカメラの存在どころか、テレビや映画も知らないのではないでしょうか。

当然のことながら、フランチェッツォは同席していた父に「これはどのようにできているのか、みな幻想なのか」とたずねます。すると……。

『息子よ、今見たものは科学的な知識の応用だよ。それ以外の何物でもない。

この鏡は、薄い金属片でできた薄片の束の情報から送られてくる映像を受け取り、映し出すように調整されている。

この金属の薄片はとても高感度にできていて、なんというかレコードプレーヤー（おまえが地上で見たような）が音波を受け止め保存するように、映像を受け取り保存することができるのだよ』

映像を受け取り保存する金属片といったら、それはＤＶＤのことではないでしょうか！　ホームシアターシステムのようなものが霊界にもあっただけで驚きなのに、最近できたばかりのＤＶＤが一世紀以上前の霊界にあるなんて！

フランチェッツォの父はまた、

『おまえはこの霊界では、地上の者たちのまだ知らない多くのものを見ることができるだろう。多くのおもしろい発明などは、時がたてば地上に送られ、発明品となって現われる』

とも言っています。

この世の発明品のヒントはみんな霊界からやってくる？　本当だとしたら、けっこう、すごいことです。

11 霊同士のコミュニケーションはどうなってるのか？

心を開けば〝交信〟できる？

ひょっとしたら霊界では、地球以外の星から来た霊人と出会うこともあるかもしれないと先に言いましたが、そんなふうに言葉が通じない（はずの）霊人同士がコミュニケーションをとろうとするときは、どうするのでしょうか。

霊人同士がコミュニケーションするとき、地上の人間と同じように会って話をするという形ももちろんあります。

このとき、少なくとも地球内の言語の相違は気にならないようです。でなければ、イタリア人のフランチェッツォと、ペルシャ人だったハセインが、会ったそのときから霊界のくわしい事情について話し合う、なんてことはできないはずですから。

ただ、会いに行く方法は、その霊人との関係によっていろいろです。

たとえば**霊は想念の存在なので、「会いたい」と思ってそれが自分の移動可能な世界ならば、**

すぐに相手のそばに行くことはできます。

ところが、相手のほうが自分を受け入れるかどうか確かめないうちは、話をしないというか、できないようなのです。

たとえば、フランチェッツォの父の場合。

フランチェッツォが「あかつきの国」に移動してすぐに会いにきましたが、フランチェッツォが会うことをためらっているうちは姿を見せず、「会いたい」と願った瞬間にはすぐそばに立っていました。

これは、人間のような物理的視覚とは違う眼で、霊界では相手を見るためのようです。

フランチェッツォは〝霊的視力〟と言っていましたが、霊性が高くなるほど物質的要素が少なくなるので、地上の私たちに普通は霊が見えないように、下位の霊には上位の霊が見えないらしいのです。

そして、上位の霊がそれを助け、下位の霊のほうも心を開くと、相手を認識することができる。どうやら、そんなふうになっているようです。

また、**霊同士には、話をせずに情報交換する方法も存在する**ようです。

フランチェッツォが地獄の探索の途中で、火炎地獄から出て南アメリカのスペイン街のようなところへ向かう霊の後ろを、ついていったときのことです。

『さて、この霊の傍らに立っていますと、彼の人生がパノラマとなって目の前に展開し始めました。

初め彼はこのイエズス会の頭で、連行されてきたインディオや異教徒らを前にして裁判官として座っていました。……彼が何百人もの人々に拷問《ごうもん》と火あぶりの刑を宣告しているのが見えました』

その霊自体は何も言っていないのですが、フランチェッツォには光景として、彼の過去や考えが見えたといいます。

また、フランチェッツォはこのとき、人だけでなく、このスペイン街の町の記憶といったものも見ています。

『私は白昼夢を見ました。

この町がかつて地上にあったころ、白人がその足をこの土地に踏み入れる前のころです。平和な素朴な人々が果物と穀物を食しながら生活していて、子供のように簡素で無垢《むく》な生活を送っていました。

そこに白人たちが金と略奪《りゃくだつ》を求めてやってきたのです。

白人によってすべての信用、約束が破られて、平和で幸福な国が涙と血であふれるようになってしまったのです。(中略)
こうしてあの時代の狂気のなかに、恐ろしいまでの富に対する欲望のなかで、その反映物としてこの地獄の町が一つひとつ煉瓦《れんが》を積み重ねるようにして、ゆっくりと作り上げられていったのです』
あなたは、テレビ番組などで、人の持ち物や場所から、その物や場所のもつ記憶を読みとる超能力者が出演するのを見たことがありますか?
物の記憶、場所の記憶といわれると、ちょっとうさんくさい気もしますが、要するにその物に触れた人、場所にいた人たちの思念がそこに残っている、と考えると少しは納得できます。
そして、元々が想念の世界である霊界では、その霊や町の存在そのものが、記憶や考えのかたまりのようなものなのでしょう。
だから、相手のことを知ろうとして、じっと眼を凝《こ》らせばそれらが見えてくるのかもしれません。
しかし、記憶や心の中身まで見られて恥じないためには、それなりにきちんとした人生を送らないといけないわけで……霊になるのもなかなか大変です。

12 地上人は霊界と交信できる?

天才たちの作品には霊界のメッセージが

さて、地上にいる恋人の「あの方」と意志の疎通することが、フランチェッツォの最大の望みだったわけですが、彼らカップルの場合は、後に彼女自身が霊媒《れいばい》的な能力を開発したために、それはうまくいくことになりました。しかし、こんな例はごくまれで、多くの霊人たちは、残してきた愛しい人々と交信できないために悲しんでいるといいます。

あるとき、「これら二つのグループ、生きている者たちと死んだ者たちとの間に交信の手段があれば、彼らの悲しみは慰められるのではないか?」、このようにアーリンジマン師が言うと、フランチェッツォの前に素晴らしいパノラマが出現しました。

『太陽の光のように壮麗でまばゆい光が輝きだしました。

その光線が黒い雲を散らすと壮麗な旋律《せんりつ》の音楽が天界から響いてくるのが聞こえてきました。

この音を聞き、この光を見たら、誰でも間違いなく慰められるだろうと思いました。しかしそうではありませんでした。彼ら（地上の人々）の耳は自分たちの集めた誤った概念で閉じられ、その目は地の塵《ちり》やくずでふさがれ、この壮麗な光を見ることができませんでした』

やはり、どれほど願っていたとしても、地上人が霊界と交信するのはむずかしく、「地上人にとって霊界とは、その境界から誰も戻ってきたことはないし、あいまいでおぼろげな世界にしか映らない。また霊人も彼らと直接交信できる手段を何ももたない」と、フランチェッツォは嘆いています。

ただし、希望もあります。地上には、ごく少数ですが、アーリンジマン師が送った霊界の光を見、霊界の音楽を聴くことのできる人たちもいるのです。

『その他の地上人で、霊眼が部分的に開かれ、霊的な耳も完全には閉じられていない者たちが、霊界やその素晴らしい美しさについて話すのを見ました。彼らは自分の偉大な考えを、地上の言葉で表わしました。また彼らは驚くべき音楽を聞いて、それをなんとか表現しようとしました。さらに美しい光景を見て、それを描こうとしました。こうした地上人たちは、天才と呼ばれる人たちでした』

もしあなたが、亡くなった大切な人のことを思うなら、こうした天才たちの芸術に触れ、そこに天界からのメッセージを読みとることが一番の早道かもしれません。

13

霊界における哲学とは？

宗教の違いは哲学の学派の違い

現在、地上にはいくつもの宗教があります。そしてときには、その宗教の違いが、激しい戦争の原因になっているように思える場合すらあります。

本来、人を救い、真理を説くべきはずの宗教が、争いの元になるとは皮肉な話ですが、こうした宗教の違いは、霊界ではどのように考えられているのでしょうか。

フランチェッツォの霊界の道案内人であるアーリンジマン師は、地上ではゾロアスター教の信者で、霊界でもゾロアスターの学派に属しているといいます。

以下は、霊界における哲学（宗教）についてのアーリンジマン師の言葉です。

地上にいる私たちには少々難解ですが、想像力を広げて読んでみてください。

『霊界では、非常に多くの哲学（宗教）の学派が存在している。

すべての学派では、自然についての永遠の根本的な真理は認識されているが、細かいところではその認識に差違が見られる。

また、これらの真理をどう魂の向上に役立てるかという点でも意見が分かれる。

つまり、それぞれもっている理論をどう実践するかで違ってくるわけだ。

だから、わが惑星の霊界に来れば何か絶対的な知識があり、なぜ何のために我々は存在するのか。

かくも多くの邪悪《じゃあく》なるものが善なるものと共存しているのはなぜか。

魂とは何なのか。

またそれはどのように神から発出するのか。

こういった創造にまつわる大神秘もすべて解明していると考えるのは間違っている』

どうやら、霊界に行けばたった一つの真理に出会える、という安易なものではないようです。

いくつもの考え方はあちらにも存在し、それぞれがよりよい道を模索している途上なのでしょう。

さらにアーリンジマン師の言葉を続けます。

『真理の波動は、宇宙の大思念センターから継続して流れ出ている。それは霊的知性体の連鎖を通して地球に伝達されることになる。

しかし、それぞれの霊は、おのれの発達に応じて理解し得る真理の部分のみ伝達できるにすぎず、また地上の人間のほうも、彼の知性が対応し理解できる知識のみ受け取ることができるのである。

霊も地上の人間も、すべてを知ることなど不可能である。絶対に確実なものなどは霊界にも地上界にもない。

であるから、大神秘を解明したという者がいても、それは単に自分たちがより進歩した霊たちに教えられたものをあなた方に与えているにすぎない。

また、その進歩した霊といえども、学派同士の差違の存在を考慮すれば、他の学派の最高に進歩した教師より以上に、絶対的に語る資格はないのである』

「無知の知」という言葉がありますが、自分が何を知っていて何を知らないのか、冷静に検討できる人こそ、本当の知性をもった人だといえるでしょう。

そういう意味において、アーリンジマン師の言葉は、非常に学者的な、冷静さと明晰《めいせき》さに貫かれた発言ではないでしょうか。

と同時に、「自分はすべてを知っている。だから私に従いなさい」ということを言う人々には気をつけたほうがいい、という警告もこめられているのかもしれません。

『いったい誰が、果てのないものの終わりを語ることができよう。

あるいは底なしの無限の理念の大いなる深さについて知らせることができようか？

理念も生命と同様に、永遠で計り知れないものなのである。

人はおのれの小ささにおののき、その探求の敷居の入り口に立ち止まるべきであろう。

なし得ることといえば、謙虚に学び注意深く勉強することであり、そうしてこそ次の段階へ進まんとする歩みを、確かなものにすることができるのである』

4章

空想ではなかった〝地獄〟の存在

――フランチェッツォが目撃した地獄レポート

1 地獄の炎の「正体」は？

霊人にとってはリアルな霊的な「火」

みなさんは、〝地獄〟というと、どんな場所だと想像しますか？　すぐに思い浮かぶのは、昔の絵にあるような〝血の池地獄〟や〝火炎地獄〟に鬼がいて、人々が苦しんでいる図ではないでしょうか。はたして、そういう〝地獄〟は存在するのか、しないのか。

とりあえず、フランチェッツォが見てきた〝地獄〟の報告をご紹介しましょう。

フランチェッツォは、希望の同胞団《どうほう》の仕事として、最下層の霊界（地獄）へ行き、救いを求める霊を救援するための探索隊に加わります。このことにはある理由がありました。

『この霊界において悪の力と戦って成功するには、地表の霊界におけるさまざまな誘惑に打ち勝つ能力が必要です。また、不幸な霊たちを助けるためには、彼らが我々を見て、触れることができなければなりません。

そのために、あまり上層の霊界にいる霊人、たとえば希望の同胞団以上に進んだ霊人、つまり第二領域の第一サークル以上の霊人では、この不幸な霊たちにその姿が見えないし、声も聞こえないので不適格なのです』

3章でもご紹介したように、高次の霊界にいる霊人の姿は、低い霊界にいる霊人には見えません。そこで、ちょうど「あかつきの国（第二領域の第一サークル）」に移ったばかりのフランチェッツォならば、誘惑に克つ意志は強いし、下位の霊にも見えやすいから適格だろうと、守護霊《しゅごれい》であるアーリンジマン師と、再会のかなった父親の双方から地獄の探索行きを勧められたのです。

もちろん、この地獄の探索におもむくのはフランチェッツォだけではありません。希望の同胞団の他のメンバーもいっしょですし、下位の霊には見えない高次の霊も、フランチェッツォたちのサポートとしてついています。

フランチェッツォは、アーリンジマン師の弟子であるハセインから下層の霊界の不思議な現象について説明を受け、さらに〝律儀《りちぎ》な友〟というメンバーと地獄での行動を共にすることになりました。

フランチェッツォたち探索隊は非常に早い速度で空間を下降し、炭を流したような真っ黒で巨大な煙に覆《おお》われた、黒い山と湖のある地に降り立ちます。

『ものすごい煙と火のかたまりに近づくにつれて、私はそれが妙に物質的なのを感じ同行者に注意を促しました。私は、地上人が普通の視覚では見えないために、空気のように実体がないものと思いがちな霊界の実相が、本当はリアルで堅固な実体であることを十分承知していましたが、それでもこの厚い雲のような煙や跳ね上がる舌のような炎は、私が想像してきた地獄の感じとはまるで違っていました』

フランチェッツォはそれまでに暗く陰気なグレーゾーンの国々を見てきましたが、そこでは炎や火はまったく見なかったので、〝地獄の火〟というのも精神的な状態を表わす言葉のあやなのだと考えていたのです。

そのことで、同行者の〝律儀な友〟にたずねると、彼は「どちらの考えもある面では正しい」と答えました。

これらの炎や煙は、あの火の壁の内側に住んでいる者たちの霊的な発散によってつくられており、地上的な意味での物質は含んでいないが、ある意味で質料におおわれている。そしてフランチェッツォのように霊的なものへの視覚が開かれている者には物質的に見えるが、地上人にとっては不可視なのだと、彼は説明しました。

要するに、物理的な物質ではないけれど、霊的な存在にとってはかなりリアルに感じられる

質料が炎や煙をつくっている、ということらしいのです。火炎地獄はある意味で本当にあるけれど、地上にある「火」とは似て非なるものだということでしょう。

そして二人は、この火の壁を通り抜けます。

『さて、今や私たちは巨大な火山の噴火口のようなところに近づいていました。一つの噴火口がベスビオ火山を一万も合わせたようなものです。

上方には夜のように黒い空が広がり、赤くめらめらと燃え立つ炎がなければ、私たちはまったくの暗闇の中にいたことでしょう。大きな火の塊に近づいてみると、それは、この国に出たり入ったりするために誰もが通らなければならない、火の壁のようなものでした』

『意志の力でこの火の粒子をはね返せば体に触れるようなことはないが、意志の弱い者や臆病《おくびょう》な者はこの炎の力に押し戻される』。そう〝律儀な友〟に言われたフランチェッツォは、『じつを言えばこの炎に進入し始めたときは、ほんの少し怖いという思いが脳裏をかすめました』と、正直な感想を言っています。

地獄の探索隊というと、怖いもの知らずの英雄ばかりという気がしますが、フランチェッツォのように「怖いと感じても助けに行く」からこそ、それが霊人にとっての大事な仕事となりうるのかもしれません。

2 本当に地獄の門に鬼はいるのか?

恐ろしいものがいっぱいの〝地獄の様相〟

さて、地上の長さでいえば数百メートルはあったという炎の壁を通り抜けたフランチェッツォたちは、いよいよ地獄の中に入ります。その様子はというと……。

『近づいて見ると、それはまるで夜の国に来たようでした。ところどころに大きな崩れたぎざぎざの黒い岩肌の山があり、他の場所には広くもの寂しい広野が広がっていました。その他の場所にはこれまた、じくじくした泥水の大きな黒い沼地があり、そこはものすごく気味悪い生き物でいっぱいで、やせた化け物みたいなものや、巨大なコウモリなどがいました。さらにはうっそうとした黒い森があり、薄気味悪い形をした木が、まるで人間のような力とねばり強さを発揮して、この森に足を踏み入れた者たちを取り囲み、虜にしていました』

いかがでしょう。私たちが考える〝地獄〟の風景と当たらずといえども遠からず、といったところのようです。**日本では地獄といえば鬼がつきものですが、これは単なる想像の産物にす**

ぎないのでしょうか。じつは、恐ろしい地獄の門のところに、そうした存在がいるのをフランチェッツォは目撃しています。

『少し行くと、黒い石が大きなブロックに切り取られ、乱暴に積まれて作られた大きなアーケードに着きました。初め見たときは黒いカーテンのように見えたものが、門の前に垂れ下がっていました。近づいてみてびっくり仰天して恐ろしくなったのですが、それは霊人の髪の毛から作られていて、しかも人の目玉がビーズのようにそれにくくりつけられていたのです。（中略）

この恐ろしい門について話し合っていると、生きた目のカーテンは左右に分かれ、半人半獣といった者どもが門の中から出てきたので、その機会を逃さず、門の守衛に気づかれずに中に入ることができました。この守衛は巨大で、ものすごい生き物でした。その手足はすべて醜く歪んでいて、地上の人間にその姿を伝えようにも、もっともすごい人食い鬼の物語を想像してもらっても、とうてい伝えられないほどです』

人の目玉のカーテンと人食い鬼のような守衛！　しかもこの鬼の守衛は、人を驚かすような笑い声と恐ろしげな言葉を発するというのです。遠い昔に、ここを訪れた誰かが、鬼の恐ろしさを絵や文字にして後世に伝えたのかもしれませんね。

3 地獄から抜け出すことはできるのか?

残酷の都の住人たち

地獄の門の中に入ったフランチェッツォと律儀な友は、暗くて邪悪《じゃあく》な感じの都に着きます。そこでの様子は、どこか古代のローマ帝国に似たものでした。すると、律儀な友がこう言います。

『直にわかると思いますが、このような都市はかつて地上にあったもので、その霊的反映がこの都なのです。そして、その都市の権力が絶頂にあったときと変わらない生活がここにあります。

ここの霊たちのほとんどは、いまだに地上の都市にいるものとばかり思っていて、なぜすべてがこんなに暗く邪悪で黒ずんでいるのかわからずにいます』

これって、なんだかとても恐ろしい話です。地獄にいながら、そこを地獄と知らずに住んでいる。そして、ただ「何か変だな」と感じて暮らすなんて……。

そういう場所から、抜け出す手だてというのは、ないものなのでしょうか。

律儀な友は、天界にもこの都市の霊的反映の都があり、そちらでは善の人々が住んでいて、時が来てこの地獄の都の人々が霊的に進歩すれば天界に移り、今あるこの地獄の都は崩壊し、塵《ちり》となって消えると言っています。

長く時間はかかっても、浄化しつつある霊をフランチェッツォたちのような救援隊が助けることで、いつか一人また一人とここから抜け出ていくことは可能なようです。

そして、臭い沼地の上に立つような、壮麗《そうれい》だけれど気味の悪い都市の中を歩いていくと、強そうな霊たちの鞭や槍に追い立てられた真っ黒な霊たちが、大きな広場を這《は》い回り、宮殿のドアの中や外を行き来しているのが見えました。

ときどき起こる怒号や悲鳴、恐ろしげな罵《うな》りの声やのろいの叫びに、フランチェッツォは『ここはまさしく失われし魂の冥土《めいど》の国』なのだと実感します。

これは都に入る前のことですが、以前にもこの地に来たことがあるという律儀な友は、フランチェッツォにこう言います。

『この場所には地上の人生においてもっとも残虐《ざんぎゃく》な罪を犯した者たちだけがいるのです。ここに来ると彼らは、自分たちの残虐な欲望を満足させるための新しい方法を見つけるのに一生懸命ですが、そこでかえって同じように残虐で、自分よりも意志が強く知性が長《た》けている者の犠牲者《ぎせい》になってしまうのです。ここは残酷の都です』

やがて皇帝の謁見室《えっけん》の前に来ると、律儀な友はフランチェッツォと別れました。彼はその支配者に前に会ったことがあるので、いっしょにいると気づかれてしまう恐れがあり、そのためフランチェッツォとは別行動をとることにしたのです。

一人になったフランチェッツォは、その支配者のいる部屋に入っていきます。

『壁には血潮が飛び散っており、床は暗い血の海で満たされているようでしたし、垂れ布は邪悪な思いを発散しています。

貴族たちは豪華だが虫の食った、腐《くさ》ったような長衣を身にまとい、それが腐敗《ふはい》した体からにじみ出る膿でぐしょぐしょになっているのでした。

大きな玉座《ぎょくざ》には皇帝その人が座っていました。私は、彼を嫌悪しつつも、その強烈な知性と意志の力に驚かずにはいられませんでした。

これらの腐敗した者たちでさえ支配せんとする王としての権力意志は、この地獄でも変わらないようで、こんなひどい環境の中でも彼の自尊心と支配欲を満足させているようでした』

やがてフランチェッツォは、自分の卑劣さと周囲の人々の醜悪《しゅうあく》さに気づいている一人の男の霊を見つけました。

その霊は、慣れぬ様子のフランチェッツォのことを心配し、他の人々から守ろうとさえしました。

自分が遣わされたのは、この霊のためだと確信した彼は、皇帝のさしむける地獄のワインや椅子といった罠《わな》を断り、男の霊とともに必死にそこから抜け出します。

『私が救出した霊は、そのとき無意識の状態にありました。高次の世界から来た四人の威厳《いげん》ある霊人が、霊的磁気をこの疲れ果てた霊に与えているところでした。

すると今まで見たこともない素晴らしいものを見ることができました。死んだようになって横たわる黒い歪んだ体から、霧のような気体が立ち上がってどんどん濃くなってゆき、最後に彼の霊の形となったのです。

その後、この四人の天使のような霊人たちは、まだ意識の戻っていないこの霊を、ちょうど赤子に対してするように彼らの腕に取り上げ、そのまま上昇し、視界から消えていきました』

まるでルネッサンスの宗教画のような光景ですが、そうした天使の一人がフランチェッツォを賞賛し、さらに多くの者を助けるようにと言い残して消えると、彼は地獄の荒野に再び一人でいる自分に気づいたのです。

4

死ぬこともできない苦しみがある

●野獣のような亡者《もうじゃ》

地獄の王国を出てから、スペインの植民地のようだった街や荒涼《こうりょう》とした平原を放浪しながら、助けられる人を助けたフランチェッツォは、ある場所で追《お》い剥《は》ぎ団同士の争いに出会いました。争いに負けて動けなくなっている者に声をかけてみると……。

『彼らは私のほうに振り向くと、八つ裂きにしようと身構える始末です。人というより野獣に近いのです。

獣のように体は曲がっていて腕はサルのように長いし、指と爪は獣のそれに似ています。また歩くときも四本の手足を使います。

顔は人とはとうてい思えないもので、部分だけ見れば獣のそれです。また、うなり声を発し、オオカミのように牙をむき出します。

人が獣に変貌《へんぼう》するという不気味な空想物語を読んだことを思い出し、きっとこういう者たち

のことでは、と思いました』

　フランチェッツォが『狼男』の話を読んだことがあるとはビックリですが、まあ要するに人間とはほど遠い外見の亡者たちが徘徊《はいかい》していたわけです。

　そして、狼男たちがそうなった理由を彼がたずねると、天のどこからか答えが与えられました。

『これらの者たちは海賊だとか、追い剥ぎ、略《りゃく》奪者《だつしゃ》、奴隷《どれい》商人、人買いだった者たちである。彼らは自ら獣のような所業に身を委ねたので、人間的な面影をほとんど失い、野獣のそれと取って代わったのである』

　彼らの多くが救われるには永い時間がかかるということでしたが、「水をくれ」とフランチエッツォの足元に這い寄ってきた霊人は、そうではないようでした。

海賊で奴隷売買をしていたというその男の霊は、救ってくれたフランチェッツォに感謝し、こんなふうに言いました。

「どんなに苦しくても死ぬこともできねえなんて、こんなひどい話はありゃしません。死を超えちゃって、自殺しようとか、人から殺してもらおうとしてもだめなんで。苦しみから逃れることはできない相談なんでさあ」

この元海賊の男は、どこかひょうきんに自分の苦しみを物語っていますが、よく考えるとこれは恐ろしいことです。**死んでしまったからには、もう死ぬことはできない。それが地獄の現実なのです。**

苦しみから逃げ出そうとするのではなく、なぜ苦しんでいるのかに気づき、自分でそれを変えていこうとする心をもつこと。地獄においては、それ以外に、死ぬこともできない苦しみから解放される道はないようなのです。

ただそれは、地獄だけでなく、現世で生きる私たちにもむずかしいことですが、それにトライする勇気をもちたいものですね。

5 邪悪な考えがつくり出す泥沼

●フランチェッツォ〝禊《みそ》ぎ〟をする

元海賊の男は、フランチェッツォと離れることを恐れて、霊たちの救出を手伝うと申し出ました。彼が案内してくれたのが、大勢の哀れな霊が牢獄につながれているという気味の悪い沼地です。

『さて、そこに姿を現わしたのは大いなる泥の海で、黒くよどみ悪臭を放っていて、ねばねばした黒い油のようなものが厚く表面をおおっていました。

この沼の岸には、巨大で醜く怪しげな姿で這い回るねばねばした生き物がいて、岸に大の字になって身を横たえているやつもいれば、この恐ろしい沼に浸《つ》かっているやつもいます。その光景に私が身震いし、いったいこの汚い沼の中のどこに失われた魂がいるのだろうかと思い始めたそのときです、目の前の暗闇から悲しみ嘆く声や助けを求める叫び声が私の耳に届いたのは』

フランチェッツォは、この沼のひどさに一度は飛び込むことをためらったのですが、叫び声がまた聞こえてきたので、思い切って飛び込み、何人かの霊を泥沼から救いました。

そもそもこの泥沼が何からでき、どういう人たちが沈んでいたのかというと、『あとで知ったことですが、この泥沼は、地上人がその生涯において抱いたあらゆる不潔な欲望や邪悪な考えなどによりつくり出された、霊的発生物が引き寄せられ集められてできたものです。

この沼の中でもがいていた霊たちは、地上で嫌悪すべき人生に身を委ね、死んでからも地上の人間たちを利用して同じ快楽をむさぼり続けた者たちで、その極端なほどの劣悪さのため、地表の霊界でさえ彼らには高級すぎて、ついにこの恐ろしくも悲惨な、腐敗した掃き溜めに沈み込んでしまった』のだそうです。

おもしろいのは、この汚い沼地から出ようとするときフランチェッツォのそばにきれいな泉が現われ、彼がそれで邪悪な沼の汚れを洗い流したことです。

日本神話を知っている私たちからすると、亡くなった妻を追いかけたイザナギノミコトが黄泉《よみ》の国から帰ってきたとき、きれいな水で禊ぎをしたこととよく似ているな、と感心してしまいます。

〝地獄〟も〝黄泉の国〟も、やはり同じようなところにあるのでしょうか。

6 生きたまま埋葬される牢獄

自分でつくった罠に捕らわれる霊たち

さて、フランチェッツォが海賊だった男の霊とさらに地獄の荒野を進んでいくと、ある大きな暗い山のふもとに着きました。

『低い山の一つを苦労して登ってから、ところどころに光っている不思議な燐光に照らされている頂に沿って歩いて行くと、我々の両側には広く深い岩の裂け目が広がって暗い絶壁となり、そこに恐ろしい暗黒の深淵が口を開いていました。その底のほうからは泣き叫ぶ声や嘆く声、ときには助けを求める祈りの声が聞こえてきました』

こんな場所にいる霊たちをどうやって救ったらいいのか、と彼が途方にくれていると、元海賊の男は「自分が雑草でロープを作り、それを伝って降りて下にいる霊たちを引き上げよう」と提案してくれました。低級な霊界では、物の物質性や重さが大きくなるので、これは勇気ある発言なのです。

元海賊の男が慣れた綱さばきで下り、下にいる霊の体にロープを結びつけ、フランチェッツォがそれを引き上げることで、何人かの霊たちを救うことができました。

そのとき、急に燐光が消え暗くなった世界に、空中から不思議な声が響きました。

『あなたが救った者たちは、自分でつくった罠に捕らわれていたのである。悔い改めと償いの思いが彼らの心に生じ、救援者たちが救いに向かうまで、彼ら自身でつくった牢獄から解放されることがなかったのである。

この山々には多くの霊がいるが、彼らの発散する破壊と悪のため、彼らを解放することは他の者たちにとって大変危険なので、まだ牢獄につないでおく必要がある。

といって、その牢獄も彼ら自身がつくり出したものであり、この悲惨な山々も彼らの地上の人生の結果つくり出されたものであり、これらの深淵もまた、かつて彼らが不幸な生贄《いけにえ》たちを追い込んだ絶望の深淵の反映物なのである。

彼らの心に柔和さが戻り、悪の代わりに善を行なうようになるまで、生きたまま埋葬されているこの牢獄の門は開かれることはないのである』

「この暗い山での仕事は終わったから行きなさい」とその声に言われたフランチェッツォは、いくぶんほっとしながら、暗闇の中を手探りして山を降り、再び平地を歩き出しました。

7 人を苦しめたように苦しめられる

●死霊の森の囚人たち

フランチェッツォたちの次なる探索の場所は、巨大な森でした。

『奇妙で幻想的な木々は何か恐ろしい悪夢の中に出てくるような感じです。この恐ろしげな死霊の森からは、疲れ切ってほとんど窒息しそうな、押し殺したようなかすかな叫び声が聞こえてきました。それとともに、我々はこの奇想天外な牢獄に捕らわれている囚人の霊をあちこちに見ることができました。

ある者は、曲がりくねった根に、まるで万力で締め上げられたように足を捕らえられているし、ある者は、その手を幹に糊付けになっています。

またある者は、黒い苔《こけ》におおい尽くされているし、頭と肩を上から垂れているいくつかの枝でしっかり捕らえられている者もいます』

フランチェッツォが「この男や女はどういう人々なのでしょうか？」と問いかけると、天からはこんな答えが返ってきました。

『彼らは、他人の苦痛を見て喜び、人々を野獣の餌食《えじき》にして、その苦しむ姿を見ては歓喜し興奮していた者たちであった。彼らは残酷な興奮を得るだけのために、思いつくかぎりの方法で人々を拷問《ごうもん》し、罠《わな》にかけて殺害したのである。

そんな彼らの解放は、彼らが哀れみと同情なるものを学び、己が犠牲になったとしても他人を苦痛から救い出したいという思いになるまではあり得ないのである。そうしてこそ、これらのくびきや足枷《あしかせ》をはずすことができる。

そのときまでは何人も彼らを助けることはできないし、救い出すこともできない。憐れみを求め憧れる、その思いの強さが彼らの解放の時期を決めてゆくのである』

つまり、彼ら自身が変わらないかぎり、誰も救うことはできないと告げたのです。

さらにこの天からの声は「地上の歴史を思い起こせば、いつの時代にも、どの国にも、人々を虐げ、圧政を敷き、拷問してきた者たちがいたことを知るだろう。それゆえにこの広大な森に多くの者たちが囚われの身になっていることも理解できるであろう」と言っています。

二十一世紀の今も、世界のあちこちで紛争が起こり、圧政による拷問や虐待も行なわれています。それに携わってしまった人々も、やがてこの死霊の森に行き着くのでしょうか。

8 先祖の霊が私たちの人生に影響を与える

人殺しが集まる魔都《まと》

死霊の森を去ったフランチェッツォは、友人のハセインの来訪を受けます。彼は、フランチェッツォの父と、愛する女性からの励ましのメッセージをもってきてくれたのでした。

そして、フランチェッツォに次の使命での注意を与え、元海賊の男がこれ以上同行するのは無理だとして、別の導き手をつけてくれると約束しました。

一人になったフランチェッツォが歩いて行くと、今度は律儀な友が待っていました。しばらくの間、別行動をとっていた二人ですが、彼らはまた同行することになったのです。

さて律儀な友に案内されて、フランチェッツォが黒いブロックで築かれた高い塔に登ると、眼下には広大な暗黒の国が広がっていました。

『夜の重い雲が地平線にかかり、間近には大魔都が横たわっていました。

木の生えていない黒ずんだ荒野がその町を取り巻いていて、血の気を帯びたような霧が、この大いなる罪と悲哀の都の上におおいかぶさっていました。巨大な城、壮麗な宮殿、美しい建物、それらすべてが荒廃《こうはい》と腐敗を表わしていて、町全体がかすみ、そこに住む者たちの罪深い生活によって汚されていました。（中略）堕落した魂が住むこの奇妙な都を見つめていますと、私はおかしな感覚に襲われました。それというのも、崩れ落ちた城壁や誰も住んでいない建物など、地上のある都に似ていることを発見したからです。その都は私の出身地でした』

ショックを受けたフランチェッツォは、連れに「いったいこれは何なのか、過去か現在か未来の姿なのか」とたずねます。

すると律儀な友は、

「そのすべてです。あなたの前にあるものは、建築物も霊もすべて、その都の過去のものがあるし、まだ作られる途上にある建築物もあるのです。そこに住むことになる者たちが、それを作り出しているところなのです」

と答えました。

彼はフランチェッツォに、この光景をしっかりと見ておき、地上に戻って同郷人に警告しな

さいとアドバイスします。

そして、それ以外にもフランチェッツォには、この町でやらなければいけない仕事がある、と伝えます。

その町で、フランチェッツォは地表の霊界で彼に復讐《ふくしゅう》をそそのかした霊たちと出会います。彼らの誘いに応じるふりをして地獄のパーティーが行なわれている建物へ行き、殺人者たちの群れの中から、自分の罪を悔いている一人の女性を助け出します。

けれど、彼がこの町に派遣されたもっと大きな理由は、その後のある霊との出会いにありました。

『町はずれにある荘厳な宮殿にやってきました。私は、若いときはよくこの美しい宮殿を眺め、かつて一度はこの宮殿と広大な敷地の持ち主であった先祖の血族として生まれたことを誇りに思ったものでした。

しかし、今ここに見えるものは、あの美しさがすべて色あせ、大理石は汚れてカビにおおわれ、テラスや彫像は崩れ傷つけられ、美しかった建物の全面は、その壁の内側でなされた過去の罪や悪行により黒い蜘蛛《くも》の巣で汚されています。（中略）

私が中に入ると、この恐ろしい場所の主は、彼の玉座から立ち上がり、歓迎の言葉でもって挨拶をしました。その瞬間、恐怖の旋律と共に、この男は、私の一族が先祖として誇りにしている男であることを知りました。おまけに私は、この男によく似ていると言われてきたのでした』

先祖の霊の顔に邪悪さと陰険さ、好色さや残忍さを読みとったフランチェッツォは『どんなものにせよ、彼と似た要素が私自身の中にも存在していたのだ』という考えに打ちのめされます。

しかも先祖の口から、血族という霊的繋がりを利用して、彼が、フランチェッツォの地上での人生に密着し、フランチェッツォが野望を抱くことをあおり、今でも悪行を行なうよう促しているると聞かされたのです！

先祖の霊がたくらんでいたのは、フランチェッツォを通じてもう一度人々を支配したいという野望でした。そしてフランチェッツォを仲間に引き入れようとしますが、彼がその誘惑に乗らずにその場から立ち去ろうとすると、今度は黒い幽霊《ゆうれい》たちを呼び出し、フランチェッツォを地下の墓場に投げ入れろ、と命じます。

そのとき、フランチェッツォの頭上から一筋の光がロープのように流れ込み、彼がそれをつかむと上へと引き上げてくれました。

フランチェッツォが気がつくと、広々とした場所で、アーリンジマン師が彼の体を癒《いや》してくれていました。危機を救ってくれたのは、守護霊である師だったのです。

アーリンジマン師は、この試練をあえてフランチェッツォに与えたのは、先祖の霊の正体について知っておくことが、将来彼から悪巧みや計略をしかけられたときの防御に役立つからだと、やさしく説明してくれました。

これによって、**〝先祖〟という自分からは遠く思える存在が、私たちの人生に影響を与えることもあるとわかります。**

系図のある方は、自分の家にはかつてどんな先祖がいたのか、一度調べてみると何か発見があるかもしれません。

9 自殺者の死後はどうなるか？

フランチェッツォが生前会った画家ベネデットの場合

律儀な友は、また別の都に訪れることを提案しました。その都には、もしかしたらフランチェッツォが陥ったかもしれないような運命を生きた男性がいたからです。

その男性の名前は、ベネデット。じつはフランチェッツォは、ヴェニスの有名な画家であったベネデットと、地上の人生で会ったことがあるのです。同時代のイタリアで芸術を志して生きた二人には、多くの共通点がありました。

ただ一つ違っていたのは、フランチェッツォが愛した女性は純粋な愛情で現在も彼を支えてくれていますが、ベネデットは心から愛した女性に手ひどく裏切られ、ついにはピストル自殺をしてしまったことです。彼の自殺の状況を聞いてフランチェッツォは愕然《がくぜん》とします。

『彼（ベネデット）が気がついてみると、恐ろしいことに自分が墓の中の柩《ひつぎ》に閉じこめられているのを知ったのです。彼は自分の物質的肉体を破壊しましたが、崩壊する肉体が魂を解放するまでの間は自由にはなれなかったのです。
自殺した魂は、肉体を離脱する準備ができていません。ちょうど未熟な果実のようなもので、その実を育ててきた地上の木からすぐ落ちるようになっていないのです。彼はこうして大変なショックに見舞われたわけですが、連結のリンクがしぼんで消え果てるまでは、腐敗する肉体につきまとわれるのです』

このときのベネデットの状況は、たしかに想像するだに恐ろしいものです。しかも肉体が崩壊するまでの間、すべての痛みを感じていたというのです！

フランチェッツォはこのベネデットの経験から、『もし地上の皆さんが自殺した者に本当に慈悲深くあろうとするなら、その肉体を火葬にすべきで、埋葬すべきではありません』と忠告しています。

これを聞いて「日本は火葬の習慣があるのだから大丈夫」と思われるかもしれませんが、そうではない場合もあります。自殺する人の多くは、誰の目にも止まらないところへ行って死んだりしますが、そんなときはベネデットと同じ経験をするかもしれません。

いずれにしても、死後にこれほどまでの恐怖を味わうくらいなら、死にたくなるほど辛いことがあったとしても、生きてがんばったほうが結果的にはラクなのではないでしょうか。

10 復讐をするとどうなるか？

〝死者の祟《たた》り〟は本当にある？

日本では昔から、恨みをのんで死んだ者の霊は、死後に憎い相手に祟りを行なう、と信じられてきました。たとえば菅原道真公のように、罪なくして死んだ者が大いなる祟りをなすときには、これを鎮めるために「神」として祀ることさえあるほどです。

フランチェッツォが地獄の都で出会ったベネデットも、この〝死者の祟り〟を実践し、その威力を見せつけた一人でした。彼は死後に自由に動けるようになると、彼を裏切った美貌の公爵《こうしゃく》夫人の元へ行き、復讐を始めました。まずは彼女の富を失わせ、次には高い地位から引きずりおろし、最後には命を奪おうとしたのです。

『今や、彼女（公爵夫人）は常に彼（ベネデット）のことを考え、気にせずにはおられません。そして、彼が墓場から出てきて彼女のところに現われるのではないかという恐怖に脅えるようになったのです。（中略）彼女は物質的には何も見えませんでしたが、つきまとう彼の存在を感じるようになりました。
とうとうある日の夕方、たそがれの灰色の薄もやの中に、彼女はベネデットを見ることになったのです。彼の恐ろしく燃えるような憎悪のすべてが、荒々しい脅すような目つきや顔つきや態度に表われていました。そのショックがすり切れた彼女の神経にはあまりに強すぎ、彼女はそのまま床に倒れて死んでしまったのでした』

これだけ聞くとほとんどホラー小説のようですが、さすがに霊界からの報告だなと感じるのは、ベネデットの復讐劇のその後が語られていることです。

復讐を成し遂げたベネデットが感じたのは、意外なことに猛烈な自己嫌悪でした。自分のしたことが恐ろしくなった彼は、自分自身とそのことから逃げようとして、地表の霊界から下へ下へと落ち続け、この地獄の都までたどり着いたのです。

今では後悔《こうかい》しているベネデットに教えられた償いの方法は、まもなくここにやってくる公爵夫人の霊に会い、彼女に赦《ゆる》してもらうと同時に、彼もまた彼女を赦すことでした。

ベネデットはその償いをやり遂げ、地獄から抜け出てより高い領域に行くことになりました。フランチェッツォが「日の国」で与えられた家に、同居人としてやってきたベネデットは、以前よりずっと明るくなっていました。

11 地獄にも戦争がある?

人間とは思えない〝猛獣の争い〟

ベネデットと別れたフランチェッツォたちは、広大な平原にやってきました。そこにある小さな丘に登ろうと提案した律儀な友は、その理由をこうフランチェッツォに説明します。

『我々は、これからここで始まる大きな戦いを観戦することになります。この戦いは、敵対する霊たちの群れ同士が起こすもので、その者たちの歓びは戦いや略奪、流血そのものです。

彼らはおのれの残忍さや野望の結果、この暗闇に落ち込みましたが、好戦的な生き方はそのままここに持ち込まれ、互いに戦争を仕掛け、今度は地獄の王国で覇権《はけん》を争っているのです。

地上でも多くの軍隊を動かした強力な精神の持ち主たちは、ここでも彼らの魔力に対抗し得ない不幸な者たちを支配し、従わせて、彼らが好むと好まざるとにかかわらず、自分の配下において戦わせるのです。

それは死でさえ終わらせることのできない争いで、死よりも恐ろしいものです』

フランチェッツォたちが見守るなか、平原には二つの強大な霊の軍隊が集まり始めます。対峙している軍隊の前衛には、宗教画のルシファーのモデルになりそうな堂々とした霊がいて、地獄の王でありながら、ある種の美しさと荘厳さをもっていました。

しかしその美しさとは、トラやライオンのそれと同じで、残忍で獰猛《どうもう》なものであり、馬のかわりに劣化した人間の霊に戦車を引かせ、群衆をけしかけて戦いを導いていました。

その戦いとは……。

『荒っぽい旋律の音が呪われた霊魂《れいこん》の叫び声のように轟《とどろ》き、集まっている軍隊からは雷鳴のような強大な雄叫びが沸き上がり、ここに一挙に戦いの火蓋が切って落とされました。

彼らは突進して相手にぶち当たり、空中に飛んだり、相手を地面に引きずったりし始めました。地上での戦闘と同じように、この亡霊どもの軍隊は突撃をくり返し、策動《さくどう》したり前進したり、後退したりするのでした。

彼らは人間のようにではなく、悪鬼のように戦い取っ組み合いをするのです。それは、彼らが野獣のもっている武器、すなわち彼ら自身の歯と爪を除けば、武器をもっていないからです』

そのうちに、二人の王は戦う軍勢の上に舞い上がり、空中で戦う二羽の鷲のように、つかみ合い取っ組み合いして猛烈な戦いを始めました。

やがて、ついに一方の王が負けそうになると、勝ったほうの王は戦場の周囲に広がる岩山の割れ目に相手を運び、その絶壁の下に投げ込んでしまいました。

『その様子を見ていた私が、身震いしながら戦場のほうを見ますと、そこではまだ激しい戦いが続いていましたが、じきに勝利した将軍の軍隊は、敗北した将軍の軍勢をうち負かしてしまいました。

負けたほうの者たちは、地上の戦闘における負傷者のように、動けなくなった仲間を戦場に残してあらゆる方向に散って行きました。勝った側を見ると、捕虜となった者たちを引っ張ってゆきます。捕虜たちにいかなる運命が待ち受けているかは、申すまでもないことでした』

彼らの残忍さに嫌気がさしたフランチェッツォは、その場を立ち去りたいと思いましたが、まさにそのときに、律儀な友にこう言われます。

「さあ、今からが我々の仕事の時間です。あそこに降りて誰か助ける者がいないか探してみましょう。負かされたほうのなかには、あなたのようにこういった戦闘や恐怖に嫌気のさしている者もいるでしょうから、我々の助けを喜んで受け入れるでしょう」

フランチェッツォたちがこの地獄の戦争を眺めていたのは、単なる好奇心や知識のためではなく、負けた者たちを救うという仕事のためだったのです。

フランチェッツォは平原に降りて、律儀な友に教えられたように傷つき倒れている者たちをなだめる努力をしました。また、平原の上には多くの星のような光が灯っていましたが、その光は希望の同胞団のほかの者たちによって灯されたものであると教えられました。

地上で好戦的な生き方をすると、地獄でもそれを続けることになる。フランチェッツォが伝えてくれたこの教訓は、覚えていたほうがよさそうです。

テレビゲームの戦いなら飽きればやめることができますが、彼らはここ地獄で、自分の肉体でもって、永遠に戦わなければならないのです。それは確かに「死よりも恐ろしいもの」といえないでしょうか。

12

地獄の戦争で負けるのは良心の芽生えのせい

地獄にさえ希望はある

夜になってから戦場だったところを見回ったフランチェッツォは、地獄の戦争で負けて傷つき、その場に取り残された者たちを見ながら、こんな思いに打たれます。

『地上でならば、少なくともどんなひどい状況にあっても、苦悩をやわらげてくれる死の静寂と眠りは与えられますし、まだ生きている者には助かる希望があります。

しかし、ここでは、この恐ろしい地獄では、この苦しむ者たちを解放するどんな希望もどんな死も、また彼らの悲惨な暗夜に光をもたらす夜明けも、やって来ることはありません。

もし彼らが生き返ることができるとしても、それはたかだか再びこの恐ろしい生活を送ることになる、ということではないでしょうか。そこで彼らは常にこの恐ろしい闇に包まれ、また獰猛《どうもう》な野獣のような者たちに囲まれることになる、ということではないでしょうか?』

フランチェッツォが、このような悲憤にかられながら、形のない塊となるほど破壊された兵士の霊を支え起こそうとすると、これまでに何度も聞こえてきた、神秘的な声が耳の中で響きます。

『地獄にさえ希望はあるのである。でなければ何のために汝はここに来たのか？　夜明け前はもっとも暗いのである。

そして、これらの打ち負かされた者たちに変化のときが訪れたのである。

より高級で善なるものに対する憧憬《どうけい》、および悪から遠ざかりたいと願う心のあり方が、彼らを邪悪なわざの前で弱くしたのである。

その結果、彼らは打ち倒され、負かされて邪悪な権力から失墜したのだが、そのことでより高次の世界へドアが開かれることになったのである。

だから彼らのために嘆くことはやめ、彼らの苦痛をやわらげるように努めよ。さすれば彼らは、この領域での死に沈潜し、次に目覚めるときには新しい命でもって、より高次の領域に目覚めることになるのである』

やがてフランチェッツォは、横たわっていた者たちの上に霧が漂い、それが解放された霊魂の形をとって、やはり救援のために来ていた上級霊たちの腕に抱かれるのを見ました。最後の一人が連れて行かれたとき、彼はここでの仕事がようやく終わったことを知りました。

これまでに、フランチェッツォたちの尽力によって救済される霊たちの様子をあげてきましたが、一方の救われなかった霊たちがその後地獄でどうなるのでしょうか。
それについて、希望の同胞団のリーダーがこのように語っています。
『君たちが学んだように、どんなに魂の修行の期間が長くなるとしても、悪用した魂の力から解放されるのにどんなに多くの時間を必要としようとも、すべての者には誰にも奪うことのできない希望が与えられているのである。
また各自には必ず、最後に覚醒《かくせい》のときが訪れるのである。
ちょうど、振り子がいったんもっとも遠い限界点に到達すれば、今度は戻ってきて反対側の同じ高さの到達点に至るように、もっとも低い深みに墜《お》ちた者も、やがては上昇するようになるのである。（中略）
死んだ後でさえ、地獄の門の内部においてでさえ、すべての者に慈悲と赦しは供えられているし、希望と愛は確保されている』
希望の同胞団には、いったんは地獄まで堕ちた後、再び心を浄化して高次の世界に上がってきた霊がたくさんいるそうです。自分が経験したことであるからこそ、このように確信をもって語っているのかもしれませんね。

5 章

〝天国〟へ到る道

――どんな人生にも希望がある

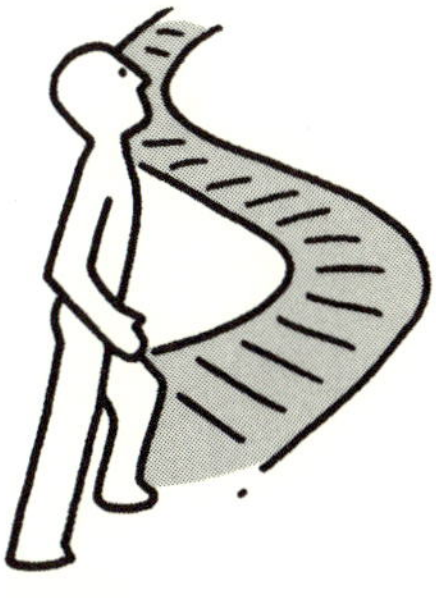

1 より明るい世界へ行くには？

「罪と同等の償いをする」方法もある

人間として生まれて生きて、その死を迎えたときには、できるならば暗い世界より明るい世界へと還りたい。それは、誰にも共通な願いだと思います。

しかし、現実の世界で、誰もがたとえばマザー・テレサのように、美しい人生を生きることができるわけではありません。

ごく普通の人間であれば、肉欲もあり、出世欲もあるのが当然ですし、生きるために必要だと思えば盗んだりウソをついたりすることもあるかもしれません。

それだけではありません。

あまりに追いつめられてしまうと、思いあまって他人を傷つけるような行為をすることだってあるかもしれません。

では、一度でもそうした醜い行ないをしてしまったら、明るい世界の道は閉ざされてしまい、

暗い世界へ下るしかないのでしょうか？

地獄の王国から救出された者たちが多く働くという「希望の同胞団」。

そのリーダーは、こんなふうにもフランチェッツォたちに語っています。

『地獄において、自分の身に起こることはすべて、その人自身の邪悪《じゃあく》な人生の結果であり、地上であれ、この霊界内であれ、過去の行為の作品なのである。

したがってここには、その状況がどんなにひどいものであっても、魂自身がつくり出したもの以外は何も存在していない。

神は一粒の重しさえ、誰にも背負わせてはいない。

各自が犯した罪を正すために、破壊したものを再建するために、あるいは汚したものを清めるために、必要な努力の量は同量なのである。そうしてこそ、これら（地獄）のひどい住居や退化した彼らの姿、恐ろしげな環境などが、より明るく幸福な光景に変わっていくのである。

より清められた体、より平和的な家庭となるのである』

つまり、**地上の人生で何がしかの罪を犯したとしても、それと同等の努力をもって（できるなら生きているうちに）償いをすれば、その罪の汚れは清められるというわけです。**

そうわかると、ちょっとほっとしますね。

たとえば、『ああ無情』の主人公ジャン・バルジャンのように、盗みという悪事を働いたとしても、その後に孤児の女の子を救って育てたり、人々によい仕事場を提供したりと他者に貢献した人もいます。

そんな人は、死んでからいったいどんな世界に行くことになるのでしょうか。

それに対しては人によってさまざまな考え方があるでしょうが、どうせ死後の世界のことだから関係ないと思わず、自分なりに考えてみるのも意味がありそうです。

2 赦《ゆる》しの大切さ

●憎しみのリンクを切るには……

たとえそれが善いことだとわかっていても、自分をひどく傷つけた相手を赦すことは決してたやすいことではありません。それは、フランチェッツォにとっても同じことでした。

『たとえば敵を完全に赦す、という課題です。

それはただ敵を赦すだけでなく、もはや相手を傷つけようとする思いは一切もたず、かえって彼らに善を施したいという気持ちにならなければなりません。つまり、悪に対するに善で報いるということを、心から実行するわけです。

復讐《ふくしゅう》の思いを克服すること、自分をひどく傷つけた者に何か罰が与えられることを願う心を克服することは、私には大変むずかしいことでした。ましてや、そういう相手に心から善を施すことは同じくらい、いやもっとむずかしいことでした』

地表の霊界で再び働くようになったとき、フランチェッツォは、まだ地上で生きている一人の人物と出会いました。彼は、フランチェッツォいわく『私の地上での人生を台無しにし、私を破滅させた』人物なのだそうです。そのとき、彼は燃え上がるような復讐の念を感じ、その思いは最下層の真っ黒な悪鬼《あっき》を召喚してしまうほどでした。ところが、このときは、愛する彼女の声がどこからともなく聞こえ、その制止に従って事なきを得たのです。

しかし、再びこの人物に出会ったときも、二人の間の憎しみはなくなっていませんでした。ただ、霊界で学んだフランチェッツォには、相手の過ち以上にはっきりと、自分の過ちがどこにあるか見えるようになっていて、復讐したいという気持ちは薄れていたのです。

『とうとうある日、この人物の横に立っていると、新しい感情が湧いてくるのを感じました。それは、この人物に対する哀れみの気持ちでした。それは、彼も自分の魂の中では追いつめられていることを知ったからです。

それで二人の間には、これまでなかったようなやわらかい思いが醸し出されました。……二人の間にあった憎しみによってできた固い壁がやわらぎ、溶けだしたころ、彼を助け益を与えることができる機会が私に訪れました』

フランチェッツォは彼に援助の手を差し伸べて、彼らを長いこと結びつけていた憎しみのリンクを断ち切り、それぞれの新たな道を歩きだすことができました。

3 霊になっても地上の記憶は残る？

●アカシック・レコードは存在する？

私たち日本人は、よく「人は死ねば仏になる」といいます。

そこには、どんな人間であろうとも「死」というものを通過すれば浄化され、ある種の悟りを得る、といったニュアンスがあります。

しかし、人は死ぬことによって、それまでの自分を忘れ、生まれ変わるものなのでしょうか。人にもよるでしょうが、フランチェッツォはこのように言っています。

『ああ、肉体が分解する瞬間に、霊の考えとか欲望は変貌《へんぼう》してしまうと考えるのは、死の向こうにあるもう一つの生の状況についてあまりにも無知だからですし、地上生活で培ってきた考え方を変えるのがどんなに大変で、それは霊界でも長いことつきまとうということをあまりに理解していないからです。

私の性格は地上にいたときとほとんど同じでしたし、間違った考えや偏見に満ちていたので、多くのことを学んでゆかなければなりませんでした』

フランチェッツォは、霊界に行ってもなお疑うこと、不信することを止められない自分を恥じました。

そんなとき、アーリンジマン師がこう提案してくれたのです。

『この近くに、悔い改めの国と呼ばれるところがある。そこを巡り歩き艱難辛苦《かんなんしんく》を乗り越えるとき、君の地上人生の真の性格とそこでの過ちははっきりと理解され、君の魂が進歩するための偉大な方法も示されるはずだ。

その国では、自分の生涯が映像として蓄えられていて、多くの失敗の原因が霊的な大気に反映される。

それは、自分をあからさまにされるという苦い経験を通過することが、自分を厳しくかつ正しく評価する助けになるからである』

ところで、心霊関係の本ではよく〝アカシック・レコード〟の存在がいわれます。

初めて耳にされる方もおられるかもしれませんが、これは、霊界のスーパーコンピュータのようなもので、そこにはすべての人の人生が映像として記憶されており、過去を反省するときなどに改めて見ることができるというものです。

アーリンジマン師がここで言っていることは、「悔い改めの国」には、このアカシック・レコードのようなシステムが存在する、ということのようです。

だとしたら、たとえ自分が忘れても地上の記憶は存在しているし、ときには過去の自分と対面させられることもあるわけです。

そう考えると、日常の自分のちょっとしたふるまいも気になってきますね。

ときには、「もしも霊界でこの映像を見せられたら……」と考えて、慎重に行動するのもいいかもしれません。

4 知らずに人を傷つけたことまで清算

後悔《こうかい》の涙から生まれる花

「悔い改めの国」に行くことを決心したフランチェッツォを連れて、アーリンジマン師はフランチェッツォの家から遙か遠くに見えていた丘の頂上へ連れて行き、そこからさらに先へと案内してくれました。

『この丘陵《きゅうりょう》の向こう側に、私の話した不思議な国が存在している。

その国を通過する者たちのほとんどが、大きな悲しみと後悔の念に満ちた路程を通過してきた者たちである。

普通の人間によく見られるような、ちょっとした弱さのために些細《ささい》な過ちをくり返しているような者たちは、この場所には来ない。彼らには、自分の過ちの原因を示されるだけで自分を啓発できるような道が準備されている。

またこの国は、悪をなす弱い霊にとっては強い酒のように厳しすぎる。そのような霊が自分たちの罪の実体をあまり鮮やかに示されると、ただ打ちのめされ、圧倒され、落胆させられるだけとなるのである。

しかし、君のように強い心をもち勇気に満ちていれば、自分の魂を拘束《こうそく》している心の性向を見抜き、それを理解することにより、すぐ改善し上昇することができるのである』

アーリンジマン師にこうアドバイスされたフランチェッツォは、すぐにこの新しい放浪の旅に出発します。

しかしそれは、今までの経験よりもずいぶんと辛い道のりでした。

『それは今回は自分の罪が全面的に重荷となって自分にのしかかってきたからで、罪の重荷のために地にへばりつくような感じで、そのため私の動きは鈍くなり、動くこと自体が苦労でした』

そんななか、ねずみ色の巡礼服に身を包んだフランチェッツォは、裸足で一歩ずつ足を進めて行きます。

『遠くにかすんで見えた丘陵地帯をようやく越えると、眼前には砂漠が広がっていて、そこには地上における不毛な砂のような私の人生が見えました。

歩くと熱い砂が私の足にやけどを負わせ、そのために水ぶくれができそうな感じで、一歩前へ進むのも辛くて大変でした。

それでもゆっくり進みますと、私の目の前に過去の映像と、見知っている人たちの顔が現われました。これらの映像は、地上の旅人が見る砂漠の蜃気楼《しんきろう》のように空中に浮いているように見えました』

フランチェッツォは、このとき見せられた映像について、こう言っています。

『場面が次から次へと溶けては流れ去り、新しい場面が現われては消えてゆきました。私が出会い知り合った人が出てきて、彼らに向かってしゃべったのに自分ではすっかり忘れていた私の冷酷な考えや言葉（どんな打撃より強く鋭く堪《た》えがたいもの）が示されました。それらは私を非難しているようでした。

私は、こうして周囲の人々を傷つけてきたことを知らされました。

過去の私の何千というまったくくだらない考えや利己的な行動や、長いこと気にもとめず忘れていた、あるいは正当化していたものがすべて、私の目の前に現われたのです。

そうした場面が次から次へと現われてくるので、ついに私は圧倒されて、堪えきれなくなり泣き出してしまいました』

自分の無自覚な言動が、全部リピートされて目の前に現われる。そんなことをされたら、誰だっていたたまれなくて恥ずかしくて、泣き出したくなるのではないでしょうか。けれど、それこそがここで為すべきことだったようです。

『その涙が熱い砂の上に落ちると、そこに小さな花が星のように現われました。どの花もみな小さくて柔らかく、その真ん中には一滴の露がありました。

こうして私が悲しみのあまり思わず崩れ落ちてしまったその場所が、このうんざりするような砂漠の中で、美しい小さなオアシスとなったのです』

この地が砂漠なのは、この平原を越える者たちが純粋な愛情や自己犠牲に欠けているためでした。

そうした要素こそ、この不毛の砂漠に花を咲かせ、元気を回復させる甘い水を湧かせることになるのです。

この場所の記念にと、自分が流した涙の花をいくつかつみ取り、胸に飾ったフランチェッツォは、再び起きあがって辛い過程を進み始めました。

すると、もう過去の映像は現われず、かわりに小さな子供を抱いた一人の女性と出会いました。その女性もまた、巡礼者の一人だったのです。

5 子供を愛せなかった女性の話

●母と子の道のり

フランチェッツォは、その手には重すぎる子供を抱いた女性に近づき、恐れと疲れで泣いている哀れな子供を、かわりに抱いてあげましょうと申し出ました。

母親は、しばらくフランチェッツォの顔をじっと見つめ、やがてその子を彼の腕に預けました。子供はすぐに静かな眠りに落ちていき、彼女は静かに話し出しました。

『「本当は」と彼女は続けました。「自分は子供など全然欲しくはなかったのです。子供などどうでもよかったのです。ですから、この子ができたとき私はとまどい、無視しました。

しかし大きくなってくるとやんちゃで（そのときはそう思っていました）やっかいな子となり、それでこの子を叩いたり、暗い部屋に入れて黙らせたりしたのです。ですから私は、母としてはいつも厳しくてやさしくなかったのです」』

この子供は五歳のときに熱病で死に、しばらくしてこの母親も同じ病気で死にました。そして彼女が霊界に来ると、子供は彼女につきまとうようになり、離れられない二人は「悔い改めの国」へ行くようにと指導されたのだといいます。

フランチェッツォは、この母親に「子供にまだ愛情は感じないのですか？」とたずねます。すると、彼女の答えはこうでした。

『ええ、まだです。愛することができるようになれたとはまだ言えません。きっと私は母親になってはいけない女の一人なのです。母親としての本能に欠けるのでしょう。

子供を愛することはないのですが、あの子にもう少しやさしくしてあげていたらと後悔しています。

子供の過ちを正してあげて、適切に育てるように私を駆り立てる義務感と思っていたものは、子育てが引き起こす自分のかんしゃくと苛立ちの正当化にすぎなかったのです。自分が間違っていたこと、その原因などを理解することはできます。ですが、この子にいっぱい愛情を感じているとはいえません』

この母親を「なんてひどい母親なんだ」と非難することはおそらく簡単でしょう。

ただ、問題はそう簡単なものではないはずです。子供を愛することのできない親は、幼いころ、自分の親から愛されなかったり、虐待されたりする経験をもつ人が多いといいます。

また、母親だけが親ではありません。この子の父である男性と、母である彼女の関係がどんなものだったか、それは何もここでは語られていません。

この挿話《そうわ》から、私たちが何か教えられることがあるとすれば、それは子供の過ちを正すためと思っていた義務感が、じつは自分のかんしゃくと苛立ちにすぎなかった、と彼女が認めていることではないでしょうか。

これは母親だけでなく、子供に関わる人すべて（父親、祖父母、教育者など）が知っておいたほうがいいことでしょう。

母に愛されなかったことを不憫《ふびん》に思い、フランチェッツォがその子にキスすると、子供は眠りながらも笑みを浮かべました。その笑みは、母親の心にも響くものがあったようでした。

フランチェッツォでなくても、この不幸な親子の先行きは気になるところです。

彼女は「この子とずっと旅を続けるのですか」というフランチェッツォの問いに、「きっとあと少しの間だけ、この子を連れてゆくだけと思います。で、その後は親が面倒を見ないこのような子たちがたくさん集められている、子供好きの霊たちがいる霊界にこの子は連れて行かれるでしょう」と答えています。

ということは、霊界にも児童保護施設のようなものがあるのですね。そしてそれが、子供好きなやさしい霊たちばかりがいるところなら、少しは安心できるというものです。

ともあれ、それを聞いてフランチェッツォも「そうならば、ほんとうにうれしいことです」と答えています。

そして彼らは、水の溜まっている小さな岩場にたどりつき、休憩をとりました。そこで眠ってしまったフランチェッツォが気がつくと、母子の姿は消えていました。

フランチェッツォは起きあがり、再び自分の道を進み始めました。しばらくして行き着いたのは、ある険しい岩山のふもとでした。

6 傲慢《ごうまん》な人、同情心のない人がたどる道

利己的な誇りや野望で築かれた山を登る

フランチェッツォが遭遇した険しい岩山、それは「人間の誇りや野望によって築かれた山」でした。

『この山を越える道は険しい岩だらけの断崖絶壁の道で、人が歩くための足場などはまれにしかなく、利己的な誇りで築かれたこれらの岩山は、しばしば乗り越えるのが無理なのではと思えるほど険しいものでした。

私は恥ずかしい思いで過去を見つめました。真の芸術という名の下に、私よりずっと弱い兄弟たちに躓《つまづ》きの石を仕掛けたことを霊的に表象しているのが、次から次へと私の前に現われるこのたくさんの大きな石であることがわかったからです。

それで私は、もう一度地上での人生をやり直せるなら、以前よりましな生き方をしたいし、今度は見放した者を励ましたい、打ち砕いた者を助けたいと思いました』

こうしてフランチェッツォが自分の傲慢さと同情心の欠如に気づき、激しい自責の念にかられていたそのとき、やはりこの険しい山道を登ろうとしている一人の若者を見つけました。

その若者にとっては、家柄を自慢する心や裕福な階級へ登ろうとする野望が、この岩山を形作っていました。この若者に力を貸していっしょに頂上に着いたフランチェッツォは、自分の心の中から利己的な誇りが消え去っているのに気づき、ある決心をします。

『私は才能のある人々、天才と呼ばれる人々は心から称賛しましたし、率直に評価しました。しかし、自己満足している平凡な才能にはまったく同情しませんでした。

そのときの私は、そういう人たちはちょうど小さい種のようなもので、何か世の中の役に立つまで上達することはないにしても、偉大なる来世では素晴らしい芽を出して、完全な花を咲かせるようになることを知りませんでした。（中略）

弱い者たちを助けて、彼らに芸術のより深い理解者になってもらえるように努めようと決意しました。それもできるだけ私のもつ高度な知識で助けようと思いました』

どうやらフランチェッツォは、地上の人生ではコンクールで最高賞をもらうような芸術家だったようですが、彼のように現世ではたいした才能に見えなくても、来世で花開く才能を秘めていることもあるのです。そう思って人に対したほうがよさそうです。

7 フランチェッツォの最後の試練

橋のたもとの老人と「幽霊《ゆうれい》の谷」

さて、フランチェッツォが新しい決意について考えながら山頂にいる間に、彼が助けた若者は先に山を降りました。

その後、フランチェッツォが壊れた橋の架けられた峡谷を歩いて行くと、一枚の鉄でできた、とても大きな門のあるところに出ました。

そこでは多くの霊たちが、さまざまな方法でこの門を開こうとしているのですが、しっかりと閉められている扉はビクともせず、みな次から次へと失敗しています。

扉の前に立って、絶望からひどく泣いている女性を見つけたフランチェッツォは、彼女を慰め、希望を与えようとあらゆる努力をしました。

そうするうちに固く閉ざした扉《とびら》は溶け去り、彼らはそこを通り抜けることができましたが、その後すぐに扉は元のように閉まり、女性も消え去って、フランチェッツォは何やらキツネにつままれたような気分に陥りました。

すると、不思議な声が響いてきたのです。

『あの門は親切な思いと行為の門である。

あの門の向こうにいる者たちは、ちょうど汝が仲間を助けようとして懸命に心を注いだとき扉が開いたように、他者に対する親切な思いがあの扉を押し開けるほど十分高まるまで、待たねばならないのである』

天の声にそう言われたフランチェッツォは、今度は橋のたもとに立っている弱々しい老人のところへ行きました。老人は背が曲がり、目もよくないのか、杖であちこちをつつきながら壊れている橋を渡ろうとしています。

フランチェッツォは老人が橋から落ちるのではないかと心配になり、「無事にそこを渡れるように助けてあげましょうか」と申し出て、老人をおんぶしました。

ところがこの老人は、ちょうど妖怪の子泣き爺のように、背負うとずんずん重くなるのです。

それでも彼は四つん這《ば》いになって進み、ようやく橋の真ん中あたりにたどり着きました。しかし、そこは大きな穴があいた危険な場所でした。

ふと、フランチェッツォの心に「老人を置いて行ったほうがいいのでは」という考えが浮かびます。でもそれは、老人にとって残酷なことだと思い直したそのとき、当の老人がこう言うのです。

「結局お主はわしを置いていったほうがいいのじゃよ。ここを通過することができるとも思えんし、わしを助けようとしてお主自身のチャンスもなくしてしまうぞ。わしを置いて一人で行きなされ」

もしもあなただったら、このシチュエーションでどうしますか？

老人がこうまで言ってくれているのだから、と良心に言い訳をして置いていくでしょうか？それとも、何としても二人で渡ろうと決死の努力をするでしょうか？

フランチェッツォが選択したのは、後者でした。

壊れた橋げたを片手でつかみ、思い切って飛ぶと、うまい具合に向こう側に届いたのです。けれど、驚いたのはそのあとでした。

『ほっとして振り返った私は、思わず驚きの声をあげてしまいました。それは、この橋にはまったく壊れた部分などなく、今まで見た橋のようにしっかりしていたからです。

しかも、何と、私の横にはあの弱々しい老人ではなく、アーリンジマン師その人が立っていて、驚いている私を見ながら笑っているではありませんか。

「フランチェッツォ、これは、君のチャンスを奪い取ってしまうかもしれない、あの重そうな老人を引き受け、背負うほどに君が愛他的であるかどうかを見る小さなテストだったのである。さて、わしは最後の試練に向かう君と今ここで別れる。君はこれから、これまでずっと心に抱いてきた疑惑や猜疑心《さいぎしん》を正しく分析し、判断しなければならない。

さらばじゃ、成功を祈る」』

みずから老人に変身してテストするとは、なかなかお茶目なことをする守護霊《しゅごれい》さまですが、フランチェッツォはさらに最後の試練を受けるために「幽霊の谷」と呼ばれる深い谷へと向かいました。

そこは灰色の霧の渦が幽霊のような形をとり、

彼にまとわりつく場所でした。

じつはこの霧の幽霊の正体は、フランチェッツォ自身の下劣な想念、すなわち地上人生で抱いた疑念、猜疑心、不親切な思いやみだらな思い、などだったのです。

今彼が為すべきことは、これらの幽霊と戦うことでした。しかし、彼らの力は強く、フランチェッツォは深く暗い裂け目に突き落とされそうになります。

彼が魂の悲痛な叫びをもって、大声で救援を求めたとき、彼に絡みつく幽霊たちを裂け目にふるい落とすことができました。すると霧の幽霊たちは、文字どおりに雲散霧消《うんさんむしょう》してしまったのです。

力尽きて倒れたフランチェッツォが見た夢は、地上にいるはずの愛しい「あの方」が自分の元へ来て、彼の下劣な想念を追い払い、母が子にするように彼を胸に抱いて守ってくれるという、心の安まるものでした。

夢から覚めた彼は、「休息の家」と呼ばれる場所へ行きました。そこにはあの子供を愛せなかった女性とその子が、以前よりずっと幸せそうな様子でいました。

こうしてフランチェッツォは、他の多くの巡礼者と共に楽しい会食をし、「悔い改めの国」の旅路を終えたのです。

8 運命は変えられない？

自由意志は存在する

ようやく「悔い改めの国」の旅程を終えて帰ってきたフランチェッツォは、以前より明るい「朝の国」に初めての小さな家をもらいます。それからしばらくして、さらに光り輝く「日の国」に美しい館を与えられるようになるわけですが、その館で休息していたとき、はるか高次の世界からアーリンジマン師が彼と交信したがっているのを感じました。

そのコンタクトの様子を見てみましょう。

『すっかり受け身の姿勢をとっていますとまもなく、神秘的でまばゆいほどの白い物質の光が私を囲むのを感じました。するとすべてのものは私から締め出されてゆき、私の魂が霊体から抜けだし、浮き上がって行きました。下を見ると、私の霊の衣がそのまま寝椅子の上に残されています。

私は上へ上へと上昇しました。とうとう高い山の頂に私は降り立ちました。そこからは、低級の領域や高級の領域と共にある地球が、回転しているのが見えました』

アーリンジマン師は、「見よ、ここに君の歩むべきもう一つの苦労の路程がある。地球とその霊領域を見てみよ、そしてこの地球が進歩するために君に従事してもらいたい仕事が、どれほど重要かを見てみよ。

地獄の王国での路程を通して獲得した君の能力の価値を知るように。その力をもって君は大いなる精兵となって日夜、地獄の住人の襲撃《しゅうげき》から地上人を守るようになるのである。この領域のパノラマを見てみよ」、そう言ってフランチェッツォに地球とそれを取り巻く霊領域を見せます。

まるで大洋の潮の満ち干のように波打っている磁気流の上に、何百万何千万という無数の霊たちが見え、美しい者、グロテスクな者、地表に縛られた者など、さまざまな霊たちの様子がフランチェッツォの目に映りました。

低級の霊領域から真っ黒な生き物が怒濤《どとう》のように地球に襲いかかるさま、地上に残してきた者の嘆きで弱っていく地表の霊人たち、高次の霊界から来た大いなる天軍の様子。アーリンジマン師が見せたパノラマは、霊界の多様な側面をフランチェッツォに教えてくれました。

そして最後に、彼がもっとも気になる、地上の恋人のところに注がれる光を見せてもらったときのことです。

『私の地球とその周囲に関するヴィジョンは消えてゆきました。その代わりに星が一つ、頭上に純銀の光で輝いているのが見えました。そして、その光線が銀の細い糸となって、地球のあの方が住んでいるところに降り注いでいるのを見ました。

アーリンジマン師はこう言いました。

「彼女の地球的な運命の星を見てみよ。かくも清浄で純粋に輝いていることか。そして知るがよい、おお愛する弟子よ、地上に生まれたそれぞれの魂には、生まれながらにしてその行くべき道が明示されている。地上の生の糸を自殺行為によって断ち切り、かくして自然の摂理《せつり》を損ない、みずから大いなる悲しみと苦痛の中に身を投げ込むことがないかぎり、その道は全うされねばならない」

「あなたはすべての魂の運命は決まっていて、我々は運命の流れの中に漂う麦わらでしかないとおっしゃりたいのですか？」

「いや、まったくそうなのではない。大いなる地球の出来事は決まっている。それらは不可避的に地球の存在のある時期に生じるようになっている。

しかし、どのようにこれらの出来事が人間の魂の生涯に影響を与えるのか、あるいはそれらが善と悪の、幸福と悲しみの分岐点となるのかどうか、それらは魂それ自身（の判断）によるのである。そしてそれこそ、我々の自由意志のもつ特権といえるのである。
この自由意志がなければ、我々は単なる操り人形となり果てるのであり、我々自身の行為に対しても無責任となり、またその行為に対して、賞されることも罰せられることも意味をなさなくなるのである」』

「運命の星」というものがある、と言われて思わず問い返したくなるフランチェッツォの気持ちは、現代の懐疑《かいぎ》的な私たちにはよくわかります。すでに決まった「魂の運命」があるのなら、「自分」というものの意識は何のためにあるのか、と思ってしまうのです。

しかしアーリンジマン師は、**地球で起きる出来事は不可避的に決まっているが、それをどう受け止めるかはその人の自由であり、自由があるからこそ責任も生じる**、と述べています。師はこのあと、「あの星の話に戻れば、人が宿命の道を最大の努力と善をもって精進《しょうじん》し、その魂が純粋でその思いが無欲であれば、あの星は清浄な汚れのない光線で輝き、魂の道筋を照らし出すのである」とも述べています。

地上にいる私たちの誰もが、努力をすれば自分の魂からその光を発することができるとアーリンジマン師はおっしゃっていますが、みなさんはどう思うでしょうか。

9 霊界での信仰と理性
●心のバランスをとるために必要なもの

パレスチナで、イラクで、互いの宗教に対する無理解と非寛容がその奥底にあるのではないか、と思われるような戦闘が続いている現在、地上に生きる私たちが〝宗教〟を、ただ「善きもの」「信仰すればよいもの」と思えないのは当然です。フランチェッツォもまた、いわゆる〝宗教〟についてはかなり懐疑的な意見をもっていたようです。

『私は、この本（スピリットランド）を通して、教会が「失われし魂」と定めてしまった者が、本当はどんな体験をしたかを示そうとしました。私はいかなる教会への信仰も、いかなる宗教ももたないまま、わずかにおぼろげな神への信仰だけをもって死んでしまいました。

私は霊界での放浪の旅を通して、確かに神聖で全能である宇宙の支配者が存在することは学びましたが、その方が一人の人間として特定の形をもっていて、我々人間がその特質などを議論したり決めたりできるような存在であるとは習いませんでした。

また、どんな宗教の信仰形態も私を引きつけることはありませんでした。私が学んだのは、もしできるならば、あらゆる信条の束縛から心を自由にすることです』

この意見に賛成できる人も多いのではないでしょうか。ただ、フランチェッツォは、だからといって信仰の必要性がまったくないと訴えているわけではありません。

『信仰と理性は、霊界の二つの異なった思想領域の中心的思考原理なのです。

この二つは当初は、お互いに敵対するものとして現われましたが、しだいに一つの人格の中で、心を発展させるために協力し合えることがわかってきたのです。二つが平等に働くとき、心は均衡のとれた状態で存在できるのです』

つまり、知性が発達した私たちはみずからの理性で考え、行動するようになりましたが、それだけでは魂は冷たくなり、利己的になる一方です。人間が生み出した文明が、今や地球の存続そのものを危うくしている現状を見れば、それは確かです。

かつてのように盲目的な信仰をもつのではなく、その理性とバランスのとれる精神性、道徳性を信仰によって補完することができれば、人間はより完成した存在となるのではないか、そうフランチェッツォは述べています。個人の信条にかかわるむずかしい問題ですが、考えてみる価値は十分にあるのではないでしょうか。

10 フランチェッツォからの伝言

ここにこそ真理がある

最後に、フランチェッツォからの伝言をご紹介しましょう。

『私のつとめは果たされました。私の話はこれで終わりです。ただ、ここまで読んでくださったみなさんに、ぜひ言い残したいことがあります。それはみなさんが、ここに語られた内容をそのごとく受け入れてくださることを信じるということです。暗黒の世界から光の世界に戻ってきた、悔い改める魂の真実の話として受け止めてくださるということです。

私のように一度死んだ人間の霊人が、この地上に再訪する可能性について考えてみることは、よくないことなのかどうか、みなさんがみずからに尋ねてみてほしいと思います。（中略）

我々の一人ひとりは、たとえ地球の最低の霊領域で苦労する堕落する兄弟であっても、罪の中にもがく極度に退化した魂であっても、再び上昇する道から閉め出されているわけではありません。

神の前ではすべての魂は平等です。一人でも到達できた世界ならば、熱心に努力さえすれば他の誰かにも到達できるのです。そういうことを私は知ったのです。それは地上人生を去ってから、私が獲得した信念です。

私は、この放浪の物語をある願いをもって書きました。私の話が本当かどうか、よく検討したいと考える人たちが出ることを期待しています。また、もっとも大切な人々を失った方々には、たとえ大切な友人が善と真実の道を生きた後死んでいったのではなくとも、あるいは罪を犯して死んでいったとしても、さらにはみずからの手で命を絶って死んでいったのだとしても、それでも完全に希望がなくなったわけではないと言いたいのです。

地上にいらっしゃる方々には、私の語ったすべてについて、よく考えてくださるようお願いしたいと思います』

現在のフランチェッツォは、故郷のイタリアのように明るい「日の国」にある家から地表の霊界に行き、不幸な人々のために働いているといいます。また、地上で生きている人たちと、いわゆる死者と呼ばれる霊たちの交信を助けているそうです。この『死後世界地図』ができたのも、フランチェッツォの努力のたまものなのかもしれません。このギフトのお礼に、いつか彼が愛する女性と二人で幸福に暮らせるように、祈ってやみません。

誰も書けなかった死後世界地図

2004年 9 月21日　第 1 刷発行
2008年 2 月 8 日　第14刷発行

著　者――――A・ファーニス

訳　者――――岩大路邦夫

文構成――――山口美佐子

発行人――――杉山　隆

発行所――――株式会社コスモトゥーワン
〒171-0021　東京都豊島区西池袋2-39-6-8F
☎03(3988)3911
FAX 03(3988)7062
URL http://www.cos21.com/

印刷・製本――中央精版印刷株式会社

ISBN4-87795-062-1 C0030